BASSIN D'ARCACHON.

MINISTÈRE DES TRAVAUX PUBLICS.

PORTS MARITIMES

DE LA FRANCE.

NOTICE

SUR

LE BASSIN D'ARCACHON,

PAR M. CLAVEL,

INGÉNIEUR DES PONTS ET CHAUSSÉES.

PARIS.

IMPRIMERIE NATIONALE.

M DCCC LXXXVII.

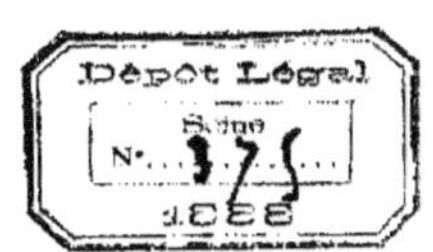

BASSIN D'ARCACHON.

RENSEIGNEMENTS GÉNÉRAUX.

Entre l'embouchure de la Gironde et celle de l'Adour, la côte du golfe de Gascogne présente à l'œil une longue ligne droite de plages de sable courant à peu près du Nord au Sud avec une légère inclinaison (5 à 10°) vers l'Ouest. La ligne est interrompue en un seul point par la coupure du bassin d'Arcachon, à environ 109 kilomètres de la pointe de Grave et à 120 kilomètres de l'Adour.

Le bassin d'Arcachon constitue une baie profonde, en forme de triangle équilatéral. Il mesure 84 kilomètres de pourtour, du cap Ferret au sémaphore; la surface couverte par les eaux est à basse mer de 4,900 hectares, à haute mer de 15,500 hectares.

Côte extérieure. — La côte extérieure est entièrement formée de sable et bordée de dunes sur toute sa longueur. Le sable est quartzeux, à grains réguliers et de couleur légèrement jaunâtre; il contient plusieurs variétés de quartz parmi lesquelles domine le quartz hyalin. Il renferme très peu de carbonate de chaux qui provient uniquement des mollusques de la côte. On rencontre encore sur le littoral de l'alios, espèce de grès quartzeux brun noirâtre, formé de grains de sable réunis par un ciment organique; on trouve aussi une argile dure, vert grisâtre, coquillière, et contenant du quartz et du mica.

Pente et nature du fond. — Les lignes de grandes profondeurs dans le golfe de Gascogne se rapprochent d'autant plus de la côte qu'on descend plus vers le Sud. À la hauteur du bassin d'Arcachon on trouve :

8 mètres de profondeur à......................... 1/2 mille.

17 .... 1 mille.

30 .... 5 milles.

50 8

100 20

Le fond, près de la côte, est formé de sable ; à la profondeur de 50 mètres, on trouve une zone graveleuse qui paraît être un affleurement sous-marin des couches caillouteuses et à grain grossier dont est formée la base du sable pliocène des Landes. Dans les parties plus profondes, on trouve du sable vaseux.

Vents. — Les vents les plus fréquents sont ceux de N. O. et de N. E. Ces derniers, venant de terre, sont peu dangereux pour la navigation. Les grands vents qui soulèvent fortement la mer soufflent du N. O. au S. O. ; parmi eux, les plus fréquents sont ceux de l'Ouest, ensuite du N. O. D'après l'observation des marins, le vent de tempête commence à souffler du S. O. et finit par le N. O. Le vent le plus dangereux est celui de l'Ouest, qui ne permet pas aux navires à voiles de s'élever à la côte.

On constate sur la côte des Landes les faits suivants : en été, le sol, sous l'influence du soleil, tend à créer des alternatives de brises de mer pendant le jour et de brises de terre pendant la nuit. En hiver, si le temps est à la gelée, on a au Sud du bassin d'Arcachon des vents venant du S. E., et au Nord du bassin des vents d'E. N. E.

Les graphiques suivants résument les observations faites sur les vents relativement à leur direction, leur intensité et leur fréquence par saison et par année.

Fig. 1.

Direction et fréquence des vents.
par saison.
ÉTÉ.
AUTOMNE.
HIVER
PRINTEMPS.
par année
Échelle de 0^m,0003 pour 1 jour

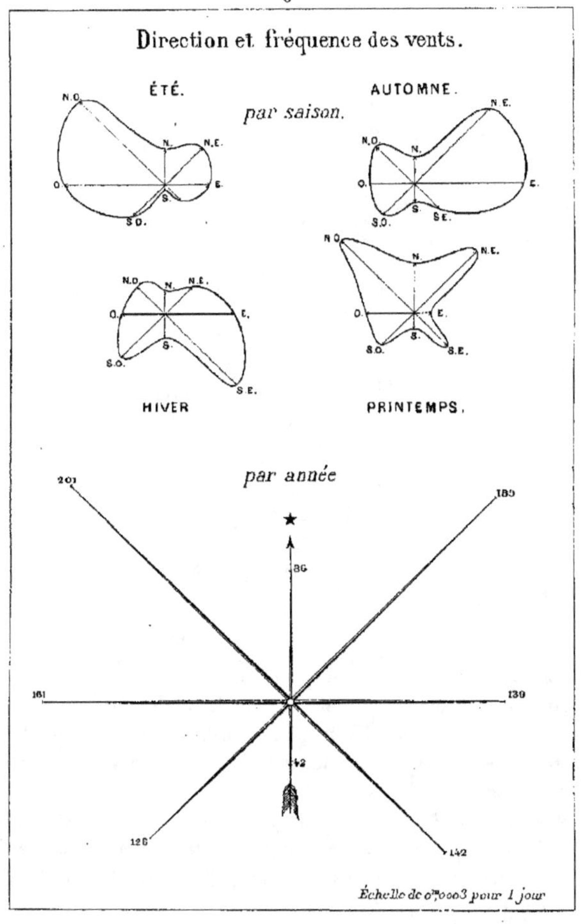

Fig. 2. — Fréquence par intensité et direction. — Échelle de 0^m,001 pour 2 jours.

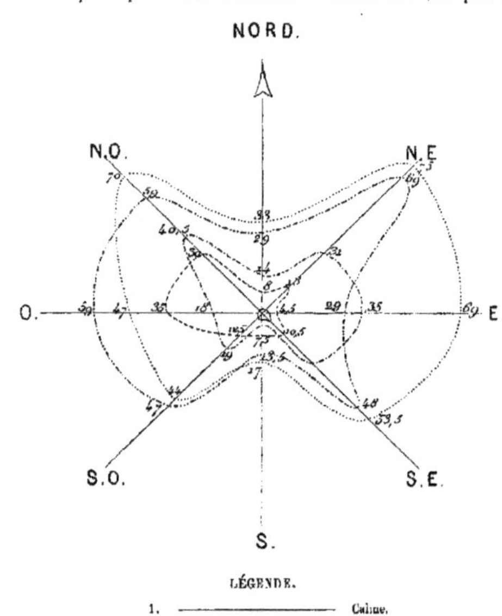

Lames. — La lame de fond, au dire des marins du bassin, arrive normalement à la côte. D'après les observations des ingénieurs hydrographes, elle viendrait constamment de l'O. N. O. La houle arrive principalement du N. O.; sa direction varie d'ailleurs avec le vent.

Souvent, par temps calme, les vagues deviennent très longues et très fortes. Ce phénomène paraît se rattacher à des coups de vent de S. O. qui passent à l'Ouest du golfe, sans atteindre la côte des Landes.

La lame S. O. qui accompagne les coups de vent de cette partie est généralement moins forte que celle de l'Ouest et du N. O.

La hauteur de la lame peut atteindre, d'après Teulère, 6^m,80 au large de l'entrée du bassin; les marins l'évaluent à 6 mètres. La profondeur à laquelle la mer commence à briser, variable suivant le temps, atteint 10 brasses dans les violentes tempêtes.

Courants. — Marche des sables. — A une certaine distance de la côte, on constate le plus souvent l'existence d'un courant dirigé vers le N. N. O. Il se fait surtout sentir quand les vents ont régné de l'Ouest au N. O.; les marins évaluent alors sa vitesse à 3 milles à l'heure. On trouve, près de la côte, des courants analogues mais moins appréciables, qui dépendent de la marée et de la direction du vent.

Sur toute la côte, les sables ont une tendance marquée à se transporter vers le Sud. Ce mouvement ne peut être attribué aux courants; ceux dont l'existence a été constatée ont peu d'intensité près de la côte et tendraient plutôt à transporter les sables vers le Nord.

Ces déplacements sont dus à la lame. Celle-ci a deux composantes : l'une de l'Ouest à l'Est, qui tend à produire l'érosion de la côte, mais dont l'action est diminuée par la forme du relief du rivage; l'autre du Nord au Sud, qui, quoique moins intense, produit un mouvement des sables dans cette direction, indépendant d'ailleurs de celui des dunes, lequel doit être attribué au vent. Cette dernière composante dévie vers le Sud les ruisseaux qui débouchent sur la côte des Landes; elle est la cause, à l'entrée du bassin d'Arcachon, du transport des bancs vers le Sud et de l'allongement intermittent, mais certain, du cap Ferret.

Le tableau suivant donne les déviations des cours d'eau du littoral relevées en 1854.

COURANTS.	PÉRIODE D'OBSERVATION.	DÉVIATION VERS LE SUD.
Mimizan	Mars à octobre 1853	312ᵐ
Contis	Septembre 1851 à juin 1854	810
Huchet	De 1839 à décembre 1853	2,200
Vieux-Boucau	Juin 1853 à décembre 1854	620

Il arrive qu'une tempête redresse brusquement ces embouchures vers le Nord, mais ce déplacement n'est que momentané et la marche vers le Sud recommence ensuite.

D'après les reconnaissances faites depuis 1768, il ne semble pas que les érosions de la côte extérieure, près de l'entrée du bassin, soient considérables. Il paraît y avoir là et dans le mouvement de la courbe de 10 mètres à laquelle cesse l'action efficace des vagues, une oscillation autour d'une position moyenne.

Brémontier, dans son *Mémoire sur les dunes*, du 25 décembre 1790, fait cependant observer que la mer, dans le golfe de Gascogne, gagne journellement dans les terres. Cette remarque paraît surtout s'appliquer à la partie de la côte au Nord du bassin.

Atterrages. — Le fond, par sa nature, ne peut guère renseigner le navigateur sur le point de la côte où il se trouve. Cette côte elle-même, inhabitée et bordée de dunes boisées, est très uniforme et il faut l'avoir souvent pratiquée pour la bien connaître. Jusqu'au moment où furent établis les amers et les phares qui servent actuellement de points de reconnaissance, l'absence de repères constituait une des grandes difficultés de la navigation sur la côte des Landes.

L'entrée du bassin d'Arcachon est signalée la nuit par un phare situé sur la presqu'île du cap Ferret, à 3 kilomètres Nord de cette entrée et à 7 kilomètres d'Arcachon, par 3° 35′ 15″ de longitude Ouest et 44° 38′ 43″ de latitude Nord. Ce phare, commencé en

1836, a été terminé en 1840 ; il a été allumé, pour la première fois, le 1ᵉʳ novembre 1840.

Le foyer est à 47ᵐ,70 au-dessus du sol et à 51 mètres au-dessus des plus hautes mers. C'est un phare à feu fixe du premier ordre ; sa portée est de 19 milles, 9 par un temps moyen. Pendant le jour, on voit en arrière du phare le clocher pointu de Notre-Dame d'Arcachon, et un peu au Sud les escarpements des dunes de Moulleau et du Pilat, ainsi que le Truc de la Truque, qui forme un morne boisé à pentes très rapides. Au Nord et à 27ᵏ,5 du phare du cap Ferret se trouve la balise de la Grigne ou du Porge, à la latitude de 44° 53′ 17″ Nord ; plus au Nord, par 45° 8′ 30″, on rencontre les phares d'Hourtin, qui consistent en deux tours carrées placées à 200 mètres de distance l'une de l'autre et dont les feux fixes et visibles à 21 milles, 3 se coupent avec ceux du cap Ferret d'une part, et de Cordouan d'autre part.

Au Sud du bassin, on trouve la balise de Biscarosse, sur le parallèle de 44° 20′. A 15 milles au Sud de cette balise est établi le phare de Contis, par 44° 5′ 34″, dont le feu, à éclats de 30 en 30 secondes, a une portée de 27 milles.

ENTRÉE DU BASSIN.

La barre et les bancs qui bordent la passe d'entrée sont formés d'un sable fin. Il arrive rarement qu'on y trouve du gravier qui, dans tous les cas, est toujours très menu.

La comparaison des divers levés montre qu'entre la pointe du Bernet et le large les différents points de l'entrée ont appartenu successivement à des chenaux, à des bancs et même à des îles. La configuration des fonds est uniquement due aux forces extérieures, lames et courants.

Les modifications considérables qu'a subies l'entrée du bassin d'Arcachon, depuis cent vingt ans, se trouvent résumées dans le tableau suivant et représentées sur la carte ci-jointe.

TABLEAU COMPARATIF DE LA SITUATION DE L'ENTRÉE À DIFFÉRENTES ÉPOQUES.

INDICATION DES CARTES ET DOCUMENTS.	DATES.	QUANTITÉS DONT LE CAP PERMET a avancé vers le Sud.	a reculé vers le Nord.	QUANTITÉS dont la rive Sud a été corrodée.	LARGEUR entre le cap Verdet et la rive Sud.	POSITION DE LA PASSE par rapport à l'entrée.	DIRECTION DE LA PASSE en sortant du bassin.	DISTANCE DE LA BARRE au delà de l'alignement de la côte.	LARGEUR DE LA PASSE sur la barre.	PROFONDEUR sur LA BARRE à basse mer.
Carte de Kearney	1768	"	"	"	3,360m	Au Sud de l'entrée [1].	O. 47°30' S. O. 8° 0' N.	1,160m 1,760	560m 580	5m,68 6 ,50
Carte de Belleyme	1791	400m	"	"	3,720	Au Sud.	O. 47°30' S. (approximativement).	(2)	"	"
Mémoire de Teulère [3]	1792	"	"	"	"	Au Sud à peu près, 2e passe de Kearney.	O. q. N. O.	"	"	7,15 à 8,10
Plan de Minard	1807	1,160	" [4]	"	"	"	"	"	"	"
Carte de J. Tassard	1808-1810	420	"	900m	3,380	Tout à fait au Sud.	O. 1° 30' S.	1,520	300	4,87 à 6,50
Carte de Raoul	1813	780	"	400	2,880	Idem.	O.	1,800	180	5,19
Carte de Beautemps-Beaupré	1826	1,900	"	260	780	Idem.	O. 18°50' S.	2,400	260	4,55
Carte de M. Monnier	1835	"	480	220	2,140	Tout à fait au Nord.	O. 9° 30' N.	2,060	"	5,52
Carte des ponts et chaussées	1854	"	320	40	2,960	Un peu moins au Nord [5].	O. 61°20' N.	2,600	520	7,00 à 8,00
Levé de M. Bouquet de la Grye	1865	"	Recul.	"	"	Un peu plus au Nord [6].	"	"	"	8,50
Levé de M. Caspari	1872	Avancement.	"	Érosions faibles au Nord de Moulleau, plus fortes près du sémaphore.	"	Descend vers le Sud [7].	O., O.S.O.	"	"	6,50
Situation actuelle [8]	1885	Idem.	"	Idem.	"	Idem.	O.	2,500	300	6,40

[1] La deuxième passe est de formation récente.

[2] La côte ne paraît pas avoir été indiquée exactement sur cette carte qui ne donne d'ailleurs aucun sondage.

[3] Pas de carte jointe au mémoire.

[4] La position du cap a seule été relevée.

[5] Il tend à se former une nouvelle passe dont la direction est O. 21° N.; la profondeur y est de 5m,50 sur la barre.

[6] Une passe Ouest, dite du Trincat, s'accentue avec 5m,30 sur la barre.

[7] Les deux passes précédentes se sont bouchées, il s'en est ouvert une dite de Flamberge,

[8] Le balisage de la passe Flamberge a dû être supprimé le 9 avril 1883. Le mouvement vers le Sud se continue d'une manière très sensible.

Fig. 3. — Modifications de l'entrée du bassin d'Arcachon.

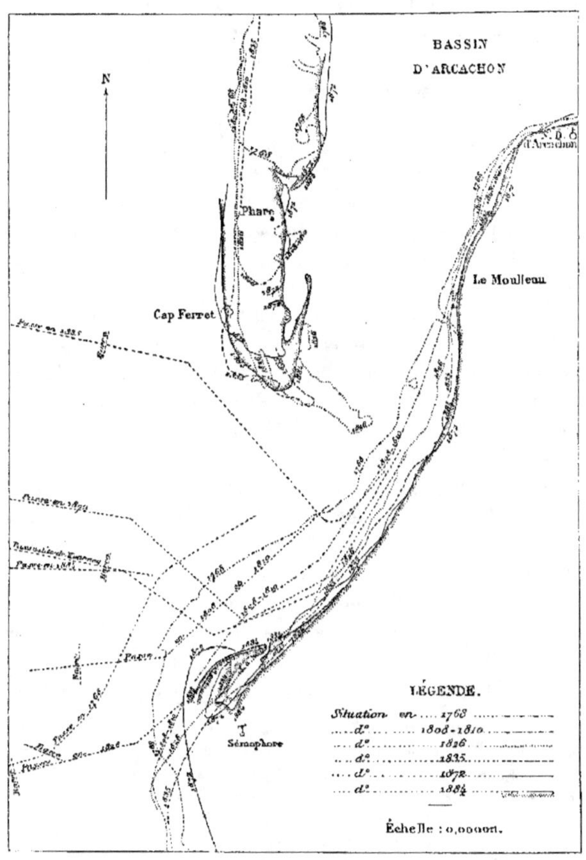

Plusieurs cartes antérieures au levé de 1768 peuvent donner certains renseignements sur la situation générale de l'entrée du bassin d'Arcachon. Il ne faudrait cependant y chercher des indications précises ni sur les dimensions, ni sur la forme des diverses parties de la côte qu'elles représentent, ces cartes contenant sur bien des points des erreurs grossières.

Elles font toutes mention de deux passes, l'une au Nord, l'autre au Sud, cette dernière étant qualifiée de grande passe. Il semble résulter d'une transaction intervenue au commencement du xiii⁰ siècle entre le chapitre de Saint-André de Bordeaux et le captal de Buch, relativement aux droits de pêche, qu'à cette époque on entrait dans le bassin par la passe du cap Ferret et non par celle du Pilat ou du Sud.

Deux cartes, dont l'une porte la date de 1646, indiquent à l'entrée, outre les bancs, l'existence de plusieurs îles : celles de Ville-Papo et de Prignonen, au Nord de la petite passe; celle de la Pile, entre les deux passes; celle de la Matte, tout à fait au Sud. La côte, au Sud de l'entrée, est formée d'une série de petites baies séparées par des promontoires [1].

Une carte de la même époque, peut-être antérieure, assigne à l'île de la Matte une position au Nord de la grande passe; elle indique à l'intérieur du bassin l'existence de deux îles, toutes les autres cartes n'en portent qu'une.

En 1714, une carte signée G. de l'Isle, de l'Académie royale des sciences, et une carte marine hollandaise ne font plus mention que d'une île, à l'entrée du bassin, sous le nom d'île du Terray. La passe Sud prend le nom de passe du Papon [2]. La côte est moins

[1] Il y a lieu de remarquer que l'un des promontoires au Sud de l'entrée porte le nom de Viel-Pile. Ce n'est probablement que le reste d'une ancienne île qui se serait déplacée vers le Sud et collée contre la côte, en formant une presqu'île comme a fait plus tard le banc de Matoc (1865).

On trouve en 1768, dans l'intérieur des terres, un bassin fermé, dit du Pilat, analogue au bassin actuellement existant en arrière de la presqu'île de Matoc.

[2] Peut-être l'île du Terray n'est-elle autre chose que l'ancienne Ville-Papo, de là le nom de la passe.

déchirée. Le promontoire de Viel-Pile s'est cependant beaucoup allongé et forme une presqu'île dirigée vers le Nord, en arrière de laquelle est une longue baie non fermée, désignée sous le nom de bassin du Pilat [1].

Une carte de 1742 rétablit à peu près la situation relevée en 1646, mais elle contient trop d'inexactitudes pour qu'on puisse avoir en elle aucune confiance. Elle paraît en grande partie copiée sur les cartes du siècle précédent.

A partir de 1768, on possède des documents précis qui permettent de suivre les variations du régime de l'entrée du bassin.

MOUVEMENTS DU CAP FERRET.

De ces documents, on peut conclure que, de 1768 à 1826, le cap Ferret s'est allongé successivement vers le Sud de 4,460 mètres. En 1768, la pointe se trouvait au Nord du phare, sur l'emplacement duquel la carte de Kearney signale une petite passe secondaire. M. Caspari rappelle, dans son rapport d'exploration, que les habitants d'Arcachon conservent la tradition d'une passe ouverte à peu près dans l'axe du chenal d'Eyrac et pratiquée autrefois par leurs grands-pères.

En 1826, le cap Ferret a gagné considérablement vers le S. E.; il ne se trouve plus qu'à 780 mètres de la côte Sud de l'entrée. Le chenal, resserré entre le cap et Moulleau, présente des profondeurs de 30 mètres.

En 1835, le levé de M. Monnier accuse un recul de la pointe vers le N. O.; ce recul se manifeste dans les levés postérieurs jusqu'en 1872. A partir de cette date, le cap semble plutôt avoir avancé vers le Sud.

---

[1] Ce bassin devait être fermé en 1768. La presqu'île, étant donnés les observations postérieures et notamment les levés de 1865 et 1872, doit être attribuée à l'adjonction à la côte de l'île de la Pile poussée vers le Sud.

La côte, au Sud de la pointe de Bernet, a subi des transformations considérables sur certains points. En 1768, au Nord du sémaphore, la côte présentait une forte convexité, aujourd'hui totalement disparue, et dans laquelle se trouvait un bassin fermé nommé le bassin du Pilat. En 1810, au Nord de Moulleau, la côte était moins avancée vers le large qu'elle n'est actuellement, les corrosions étaient très fortes près du sémaphore. En 1835, le centre des corrosions se trouvait au Pilat. En 1854, la mer baignait l'emplacement actuel du sémaphore. M. Pairier évaluait à 880 mètres en face du cap Ferret et à 1,820 mètres vers la pointe du Sud le recul de la côte depuis 1768; le centre des érosions se trouvait au Pilat.

En 1865, le banc de Matoc ayant rejoint la rive Sud et formé une presqu'île qui bouche l'ancienne passe du Sud, la côte a regagné à peu près ce qu'elle avait perdu au droit du sémaphore. En 1872, les érosions, faibles au Nord de Moulleau, vont croissant à mesure qu'on s'approche du sémaphore.

Actuellement, les érosions de la côte Sud sont actives sur trois points : dans la courbe concave au Nord du sémaphore et près de la presqu'île de Matoc, par suite de l'avancement du chenal vers le S. E.; au Sud du poste de Moulleau et à la pointe de Bernet, où les courants acquièrent une grande violence depuis que le banc de Bernet s'approche de la rive. La plage a baissé de plus de 3 mètres en certains points. En arrière de la presqu'île de Matoc s'est formé un bassin, alternativement ouvert ou fermé, suivant le régime des vents régnants, et désigné sous le nom de Lugue du Sud. Ce bassin présente les plus grandes analogies avec l'ancien bassin du Pilat. A l'Est du banc d'Arguin, on assiste en ce moment à la formation d'une nouvelle dune qui engloutit sous le sable des forêts de pins hauts de 15 mètres. La dune ancienne, dont le pied a été rongé

par les lames et les courants, s'est peu à peu éboulée vers le large,
entraînant les défenses et les plantations qui la protégeaient et, partout où elle a pris une pente suffisamment adoucie, le vent a suffi
pour faire remonter le sable le long de son talus dénudé. Ce sable
peu à peu envahit le sous-bois, et se trouve soumis aux mêmes
mouvements de transport qu'avant la fixation des dunes.

MOUVEMENTS DE LA PASSE.

Le levé de Kearney accuse l'existence de deux passes principales
dont l'une, la plus ancienne, longe la côte en se dirigeant vers le
Sud; la nouvelle passe de Kearney s'est ouverte plus au Nord et se
dirige vers l'Ouest. Au Nord de la passe, existe une île dite de
Matoc.

En 1792, la passe, après un retour au Sud, a repris à peu près
la position de la passe de Kearney, avec plus de $7^m,15$ sur la barre.
En 1810, la passe est revenue au Sud, elle offre seulement $4^m,87$
à basse mer. Une petite passe, celle de la Canonnière, s'est accen-
tuée au Nord, en même temps que l'île de Matoc a marché vers
l'Est jusque sur l'emplacement actuel du banc d'Arguin, où elle ne
forme plus qu'un banc submersible.

En 1813, la passe a encore marché vers le Sud; le banc de
Matoc a suivi ce mouvement. On trouve $5^m,20$ sur la barre.

En 1826, la passe, encore plus au Sud, ne présente que $4^m,55$
d'eau sur la barre; le banc de Matoc occupe presque toute l'entrée,
la passe de la Canonnière est peu profonde.

En 1835, la passe du Sud se comble en se rapprochant de la
côte; il n'y reste plus que $3^m,20$ d'eau. La passe de la Canonnière
offre au contraire $5^m,50$; elle s'est redressée tout à fait au Nord et
rase le cap Ferret. Le banc de Matoc se trouve ainsi passé au Sud
du chenal principal.

A partir de 1849, la passe commence à se déplacer vers le Sud.
En 1854, le levé exécuté accuse la continuation de ce mouve-

ment; la barre est restée à peu près sur le même parallèle; sa pro
fondeur atteint 8 mètres. La passe du Sud, resserrée contre la
côte par la marche du banc de Matoc, est devenue impraticable,
avec 2 mètres sur la barre. Une nouvelle passe tend à se former,
avec 5ᵐ,5o sur la barre, à mi-distance entre la passe Nord et l'ancienne passe de Kearney. Le cap Ferret se prolonge vers le Sud jusqu'au chenal, par le banc du Toulinguet qui découvre à basse mer.
A l'Est de ce banc est une petite passe intérieure, dite du Toulinguet,
qui se trouve séparée du chenal principal par le banc d'Arguin.

En 1865, le banc de Matoc a rejoint la côte vers le Sud et
dépasse le niveau de la pleine mer. La barre s'est reportée légèrement vers le Nord avec des profondeurs de 8ᵐ,5o. Une nouvelle
passe, dite du Trincat, s'est ouverte droit à l'Ouest avec 5ᵐ,3o sur
la barre. Le banc du Toulinguet est séparé de la pointe du Ferret
par une petite passe praticable, en beau temps, pour les embarcations.

Entre 1865 et 1872, la passe du Nord et celle du Trincat se
sont successivement bouchées; en 1871, on a reconnu la passe dite
de Flamberge, plus au Sud et orientée O. S. O.

En 1872, cette passe présentait 6ᵐ,5o sur la barre, le banc du
Toulinguet a diminué d'étendue, mais sa pointe Sud s'est exhaussée
jusqu'au niveau des hautes mers; le banc d'Arguin est repoussé
vers l'Est.

Jusqu'en 1883, la situation varie peu. A cette époque, on reconnaît un nouveau déplacement de la passe vers le Sud. Le banc
d'Arguin est divisé en deux parties; le banc du Toulinguet occupe
l'ancienne position du banc de Matoc dont il affecte la forme générale; il a gagné vers le Sud en repoussant le chenal contre la côte,
ce mouvement continue.

Dans toute cette période, depuis 1768 jusqu'à ce jour, le cap
Ferret, la côte Sud du chenal et la passe ont subi des mouvements
sensiblement concordants.

On trouve toujours deux passes d'inégale importance, l'une au

Nord, l'autre au Sud. Quand la passe principale est au Nord, elle est plus profonde que ne l'a jamais été celle du Sud. Sa profondeur est encore augmentée si elle est orientée N. O., parce que dans ce cas la lame, agissant dans la même direction que le courant de flot, coopère avec lui à l'approfondissement de la passe. Le jusant, très affaibli quand il arrive sur la barre extérieure, ne paraît pas avoir une influence prépondérante sur son creusement.

Sous l'action du mouvement général des sables vers le Sud, la barre se déplace dans le même sens, le chenal la suit et s'oriente S. O., mais en même temps la lame n'a plus la même action sur les sables de la barre et celle-ci s'exhausse. Quand la passe est fixée contre la côte, elle se trouve plus directement soumise à l'envahissement des sables, et le courant est renforcé vers le Nord où se forme alors la passe principale.

On se trouve, en résumé, en présence d'un mouvement continu de la passe vers le Sud et d'un retour brusque, le plus souvent provoqué par les tempêtes, de la passe vers le Nord. Cette oscillation est indiquée par M. Vissocq dans un mémoire de 1839, et par M. Pairier dans son mémoire de 1854.

M. Caspari, à la suite de la reconnaissance de 1872, faisait prévoir la continuation du mouvement de la passe de Flamberge vers le Sud, la corrosion de la presqu'île de Matoc et la progression du chenal le long de la rive Sud, jusqu'à un état analogue à celui de 1826. Ces prévisions semblent devoir se réaliser, le balisage de la passe a dû être reporté vers le Sud et le chenal près de Matoc s'est rapproché de la rive. Si ce mouvement se continue, il est probable que la passe du Sud se comblera et qu'il s'en ouvrira une plus importante au Nord de l'entrée.

Les passes Nord orientées N. O. ne sont pas les meilleures, bien qu'elles offrent plus de profondeur que les autres. Les navires, il est vrai, reçoivent la lame de l'arrière à l'entrée ; mais, une fois la barre extérieure franchie, ils doivent courir vers le Sud et reçoivent pendant ce trajet la lame par le travers. Dans les passes inter-

médiaires comme celle de Flamberge et la passe actuelle, on reçoit
la lame de l'arrière du travers, mais le trajet dangereux est considérablement diminué. Aussi les marins les préfèrent-ils, bien
qu'elles soient moins profondes sur la barre. D'ailleurs, le tirant
d'eau des navires est toujours limité, dans les deux cas, par l'existence d'une seconde barre intérieure sur laquelle il ne reste guère
que 6 mètres d'eau à basse mer.

Quant aux passes orientées S. O., outre qu'elles présentent peu
de profondeur, elles exposent le navire sur tout le trajet dangereux à recevoir la lame du travers.

La largeur de l'entrée a varié entre 3,720 mètres et 780 mètres
au droit du cap Ferret. La largeur de la passe sur la barre paraît
avoir été de 180 à 300 mètres de 1808 à 1826; en 1768, elle
atteignait 580 mètres. Cette largeur diminue en même temps que
la profondeur à mesure que la passe porte au Sud. Elle est en ce
moment de 300 mètres.

Les courants à l'entrée filent en plein jusant jusqu'à 4 nœuds;
le flot est moins fort, il ne dépasse pas 2 nœuds 5. Le flot porte à
l'E. N. E. entre les bouées du large et celle de la barre; un peu
plus loin il suit le chenal; le jusant porte vers le Sud.

La lame soulevée par les hauts-fonds de l'entrée atteint dans les
mauvais temps exceptionnels une hauteur de 8 mètres; alors la
mer brise indistinctement partout. La barre est plus mauvaise
quand elle est au Sud. En 1826 les ingénieurs hydrographes dé-
claraient que dans beaucoup de circonstances la passe est absolument impraticable.

M. Monnier, en 1835, estimait que la passe, fût-elle large et
profonde, serait toujours d'un accès difficile et parfois impossible,
à cause de l'état de la mer par les vents violents du large. En
1792, Teulère exprimait l'avis que des bouées ne pourraient pas
résister sur la passe. Celles qui ont été placées se comportent
cependant fort bien et les marins qui fréquentent le bassin abordent
l'entrée, même en mauvais temps.

Les directions à suivre pour entrer dans le bassin, en 1885, sont les suivantes : on vient chercher la passe en courant à l'Est sur le Truc de la Truque, jusqu'au moment où le phare du cap Ferret se trouve ouvert d'un quart dans l'Ouest de la pointe de Bernet, on est alors près de la bouée extérieure à fuseau. On laisse cette bouée dans le Nord ou dans le Sud suivant le vent et on met le cap à l'E. 3° N. pour venir chercher la bouée de Flamberge en passant par celle de Rastey. De la bouée de Flamberge on met le cap au S. E. q. S., jusqu'à la bouée n° 1 du chenal intérieur. On contourne ensuite les bancs du Toulinguet et d'Arguin, en laissant à bâbord les bouées noires n°ˢ 1, 3 et 5; on passe alors sur la barre qui sépare les bancs de Bernet et d'Arguin pour pénétrer dans la rade du Cap Ferret limitée par quatre bouées rouges et une noire. Enfin on pénètre dans la rade d'Eyrac en passant entre le banc Blanc et le banc de Bernet. (Planche 110 de l'Atlas.)

Dans ce trajet, les dangers cessent après le changement de route de Flamberge.

La nuit, la passe d'Arcachon n'est pas praticable. Dans le jour, par beau temps, la route à suivre pour entrer est indiquée par les bouées; si la mer est grosse, celles-ci sont souvent noyées dans l'écume des vagues, mais le chenal se distingue d'ordinaire assez nettement au milieu des brisants pour que le capitaine puisse se guider. Un bâtiment à voiles ne doit pas tenter l'entrée en jusant, surtout si la mer est grosse, parce qu'alors le chenal brise souvent sur toute sa largeur: il risquerait de ne pouvoir étaler les courants qui atteignent 4 nœuds et d'être mis en travers et roulé par les lames.

Le moment le plus favorable pour entrer est la fin du flot; cependant, à cause de la distance du mouillage d'Eyrac, il vaut mieux passer la barre à mi-flot, pour profiter du courant. Avant d'aborder l'entrée, les voiles hautes de l'avant sont seules conservées, le foc doit être bordé à plat et très haut. On a soin de redresser la barre en recevant chaque lame, pour éviter les avaries.

3

Les difficultés de l'entrée pour un bateau à vapeur sont bien moindres; ceux qui font la pêche passent à peu près en tout temps, ils calent d'ailleurs très peu et sont installés de manière à recevoir la lame sans crainte d'avaries.

Amélioration de l'entrée du bassin. — Les difficultés que présente l'entrée du bassin d'Arcachon ont donné lieu, à diverses époques, à différents projets d'amélioration dont aucun n'a eu de suite, mais qu'il est nécessaire d'indiquer au moins sommairement.

Un mémoire de 1768, sans signature, proposait: 1° de fermer par une digue le passage compris entre le cap Ferret et l'île de Matoc et de concentrer les eaux dans la passe Sud, afin d'en obtenir l'approfondissement; 2° de fixer, au moyen de plantations, les dunes mobiles qui bordent le bassin et dont les sables, d'après l'auteur du mémoire, causent l'obstruction de l'entrée.

En 1792, Teulère, en attendant qu'une étude suivie des passes permît d'en connaître le régime et d'en faciliter l'accès par des travaux, proposait d'établir deux balises, l'une fixe et munie d'un feu, l'autre mobile, afin de suivre les variations de l'entrée.

En 1810, J. Tassard demandait la fixation des dunes au Nord du cap Ferret, et la construction de deux pyramides de chaque côté de l'entrée, pour la signaler aux navigateurs.

En 1829, le baron d'Haussez proposait de fermer la passe avec des carcasses de navires et d'ouvrir une nouvelle entrée à l'Ouest en travers de la presqu'île du Ferret. Des estacades à chaque extrémité, des épis pour la défense des berges de la nouvelle entrée, deux phares et des balises auraient complété ce travail.

Beautemps-Beaupré, consulté sur ce projet, objecta que les travaux présenteraient des difficultés énormes, peut-être même insurmontables, qu'ils causeraient dans le régime intérieur du bassin des changements dont on ne pouvait prévoir les conséquences et que, dans tous les cas, la barre du nouveau chenal, soumise aux mêmes causes d'obstruction que l'ancienne, ne serait probablement pas meilleure.

Cependant, en 1830, une commission fut nommée, sous la présidence de l'ingénieur en chef du département, pour étudier la question et se prononça pour l'ouverture du nouveau chenal proposé par le baron d'Haussez.

En 1835, M. l'ingénieur hydrographe Monnier, à la suite de sa reconnaissance, affirmait qu'aucun travail d'art ne pourrait avoir pour conséquence la création d'une passe facile en tout temps, et encore moins l'existence d'un état permanent de cette passe, le mouvement progressif des sables devant toujours entraîner celle-ci vers le Sud.

En 1839, M. Vissocq, ancien ingénieur hydrographe, reprenant le projet d'ouverture d'une nouvelle entrée, proposait de joindre l'île de la Teste (des Oiseaux) à la côte Ouest par un barrage, et de creuser un chenal sur l'emplacement de l'Escourre du Boc voisine du phare. La passe du Sud devait se combler d'elle-même. Les dépenses étaient évaluées à 3 millions de francs.

Une décision ministérielle du 21 septembre 1854 prescrivait à nouveau des études pour l'amélioration de l'entrée. M. Pairier, ingénieur ordinaire du service, faisait connaître, dans un mémoire en date du 31 mars 1855, le résultat de ses recherches et proposait :

1° Pour multiplier les points de reconnaissance sur la côte et guider le navigateur à l'entrée du bassin, de construire le long de la côte des amers en charpente espacés d'environ 6 milles, d'établir de nouvelles bouées sur la passe et dans l'intérieur du bassin et de remplacer, une fois la passe fixée, les mâts-balises qui existaient alors par deux tours en charpente portant chacune un fanal ;

2° Pour avoir une passe d'accès facile, de fixer sa position dans une direction à peu près normale à la côte, correspondant, d'après les reconnaissances antérieures, aux meilleures conditions de navigation, et de fermer les chenaux secondaires au moyen : 1° d'une jetée placée au Sud, se prolongeant du côté du large dans la direction de l'Est à l'Ouest jusqu'à l'alignement de la côte, et rattachée par une courbe à la rive Sud, défendue elle-même sur toute la longueur soumise aux érosions, soit sur 5,300 mètres ; 2° d'une autre jetée partant de l'extrémité du cap Ferret, établie sur le banc du Toulinguet, longue de 2,000 mètres et dirigée vers l'extrémité de la jetée Sud, de manière à éviter la déviation de la passe vers le Nord, tout en restant en deçà de l'alignement de la côte ; 3° d'épis de défense placés près de l'enracinement de la jetée Nord, sur la côte extérieure du cap Ferret, jusqu'à 4,000 mètres de ce cap. (Fig. 4.)

La largeur laissée libre entre les jetées était de 2,000 mètres. Ces jetées devaient être submersibles et arasées à 1^m,50 au-dessus des plus basses mers.

Dans l'avant-projet dressé par M. Pairier et présenté par M. Drœling, ingénieur en chef, les dépenses prévues s'élevaient à 11 millions, savoir :

1° Construction d'amers le long de la côte.....	99,000^f 00^c
2° Bouées et tours-balises pour l'entrée et l'intérieur du bassin.....................	26,900 00
3° Défense de la rive Sud de l'entrée sur 5,300 mètres de longueur.................	1,419,181 00
4° Jetée du Sud sur 3,375 mètres..........	6,374,355 20
5° Jetée du Nord et épis de défense de l'enracinement.........................	2,340,765 00
Total............	10,260,201 20
Somme à valoir.............	739,798 80
Montant total des dépenses.....	11,000,000 00

Une décision ministérielle du 16 février 1857 prescrivait de réduire les travaux projetés pour l'amélioration proprement dite de l'entrée à la défense de la rive Sud du bassin et à l'établissement d'une jetée à la suite, limitée provisoirement à la rencontre

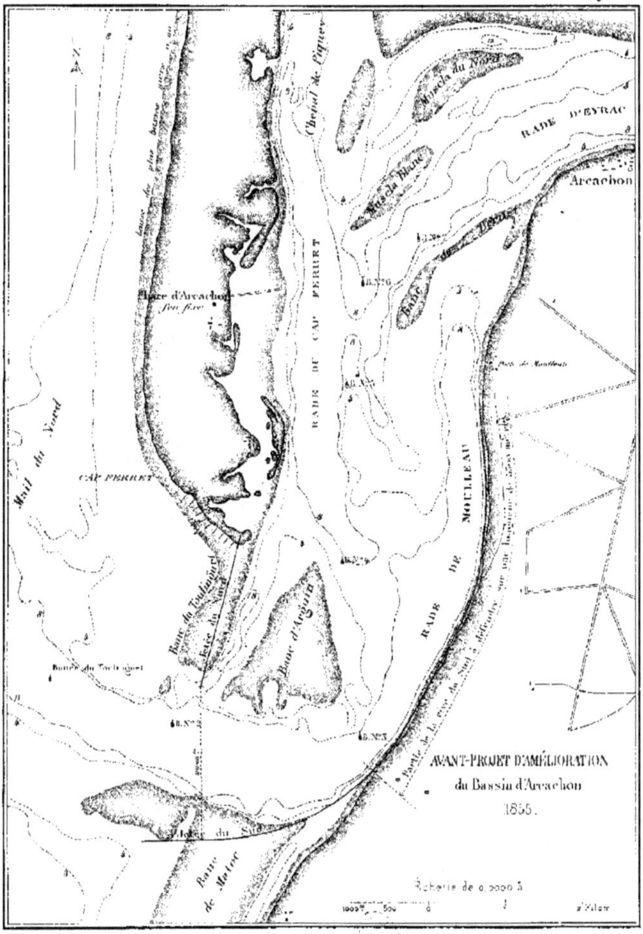

N
Mail du Nord
CAP FERRET
RADE DU CAP FERRET
Chenal de Piquey
Mascla du Nord
RADE D'EYRAC
Arcachon
Banc de Piquey
Banc de Bernet
Phare d'Arcachon
feu fixe
Port du Moulleau
RADE DE MOULLEAU
Banc du Toulinguet
Balise du Nord
Banc d'Arguin
Batture du Toulinguet
AVANT-PROJET D'AMÉLIORATION
du Bassin d'Arcachon
1855.
Banc de Matoc
Échelle de 0,0000 à

du banc de Matoc, l'exécution de la jetée Nord devant être écartée pour le moment. Un projet définitif fut dressé dans ce sens et transmis, le 5 novembre 1858, à l'Administration supérieure; la jetée Sud s'y trouvait réduite à une longueur de 1,715 mètres. Les dépenses prévues s'élevaient à 7,500,000 francs.

Le 14 août 1860, le Conseil général des ponts et chaussées donnait un avis favorable à l'exécution des travaux. Cependant un projet de décret soumis au Conseil d'État à la suite de cet avis restreignait les améliorations à la défense de la rive Sud, avec une dépense de 1,800,000 francs. Le Conseil d'État ayant demandé des renseignements sur le degré de priorité à attribuer à chaque partie du travail, les ingénieurs, dans un rapport du 6 mars 1862, exprimaient l'avis que les travaux de défense sans la jetée Sud ne joueraient qu'un rôle incomplet et ne tarderaient pas à être détruits; ils faisaient connaître, en outre, que la défense de la rive Sud, exécutée seule, exigerait une dépense de 2,600,000 francs.

Le Gouvernement, dans le mois de septembre suivant, ayant exprimé l'intention de consacrer 5 millions aux travaux de l'entrée du bassin d'Arcachon, les ingénieurs présentaient, le 30 novembre 1862, un nouveau projet dans lequel la jetée pleine était remplacée par une jetée mixte, composée d'enrochements jusqu'à 2 mètres sous basse mer et d'une claire-voie élevée à 5 mètres au-dessus des pleines mers de vive eau. La dépense devait s'élever à 5 millions.

Ce projet n'eut pas de suite. Cependant les propositions de 1855 avaient eu pour conséquences la construction des amers signalés plus haut et l'établissement d'un système complet de balisage des passes et des chenaux intérieurs pour la navigation de jour.

Après la reconnaissance de 1872, M. Caspari proposait d'augmenter le cube d'eau emmagasiné dans le bassin à chaque marée afin d'accroître l'action du jusant sur les passes; un dragage des bancs intérieurs ou crassats jusqu'à 2 mètres au-dessus du zéro aurait porté la vitesse du courant à 7 milles à l'heure. Le travail aurait exigé l'enlèvement de 31 millions de mètres cubes de vases utilisables comme amendements. M. Caspari pensait ainsi améliorer l'entrée, sans cependant obtenir la fixité de la passe. Il proposait, en outre, de rendre possible l'accès du bassin pendant la nuit en établissant deux feux mobiles qu'on déplacerait suivant les variations de la barre et en installant dans les chenaux des bouées lumineuses.

Aucun travail n'a été exécuté jusqu'à présent pour l'amélioration de l'entrée du bassin d'Arcachon. Eu égard, d'une part, au peu de développement commercial que pourrait prendre un port à Arcachon, d'autre part aux difficultés et aux incertitudes d'un travail quelconque effectué en vue de faciliter l'accès du bassin, il est peu probable que de nouvelles tentatives faites dans ce sens puissent aboutir.

La question a cependant été de nouveau reprise dans ces derniers temps à propos du canal projeté de l'Océan à la Méditerranée. Un des tracés étudiés fait déboucher le canal dans le bassin d'Arcachon. Son accès devant être possible pour les navires du plus grand tonnage, il serait nécessaire, avant tout, d'améliorer l'entrée du bassin. Il ne semble pas qu'on ait projeté dans ce but d'autres travaux que ceux proposés en 1854; cependant, à cette époque, on ne poursuivait pas une amélioration aussi considérable que celle que nécessiterait aujourd'hui le débouquement d'un canal aussi important.

INTÉRIEUR DU BASSIN.

Après avoir franchi les passes et tourné le banc d'Arguin qu'ils laissent à bâbord, les navires arrivent dans la rade de Moulleau qui longe la rive Sud et s'étend jusqu'au village de ce nom. C'est une rade de flot. On y trouve à basse mer des profondeurs de 8 mètres sur une longueur de 4,000 mètres, avec une largeur moyenne de 600 mètres; les profondeurs atteignent 30 mètres en certains points.

La tenue est assez bonne; cependant, par les vents du S. O. au N. O., qui sont les plus fréquents, les navires n'y sont pas à l'aise :

ENTRÉE DU BASSIN D'ARCACHON EN 1886.

aussi s'y arrêtent-ils rarement. La partie Nord de la rade, qui est
la plus abritée, est d'ailleurs séparée du chenal intérieur par des
hauts-fonds et par le banc de Bernet qui rejoint presque la côte,
de sorte qu'un navire mouillé dans cette partie devrait, pour
remonter dans l'intérieur du bassin, rebrousser chemin et venir
chercher la barre qui sépare la rade de Moulleau de celle du Cap
Ferret.

Cette barre qui réunit les bancs de Bernet avec ceux d'Arguin
a présenté, suivant les époques, des profondeurs très variables.
En 1810 et 1826, elle offrait plus de 9 mètres à mer basse; en
1854, sa profondeur se réduisait à 6 mètres et elle se maintenait
ainsi jusque vers 1878. A partir de ce moment cette barre s'élève;
elle ne présente plus aujourd'hui que 3ᵐ,85 à basse mer.

La rade du Cap Ferret, due à l'action du jusant, longue de plus
de 5,000 mètres et large de 650, s'étend, parallèlement au cap,
depuis le banc d'Arguin jusque vers le chenal de Piquey, au droit
des bancs découverts à mer basse qui entourent l'île des Oiseaux.
Elle offre un très bon mouillage, d'une profondeur variable de 8 à
17 mètres sur une surface de plus de 300 hectares. Cette rade
s'est successivement allongée et raccourcie, tant au Nord qu'au
Sud; il semble actuellement que, sous l'action du jusant, elle ait
une tendance à s'allonger vers le Sud entre les bancs d'Arguin et
du Toulinguet, et qu'il se forme un chenal secondaire allant directement de la rade au chenal principal. Cet allongement expliquerait
l'exhaussement de la barre intérieure qui relie la rade du Ferret
à celle de Moulleau.

Autrefois, la rade de Moulleau communiquait directement avec
celle d'Eyrac, située devant Arcachon, par une passe étroite et peu
profonde. On y trouvait à basse mer 6ᵐ,50 en 1768 et en 1808;
en 1813, la rade de Moulleau s'était inclinée vers l'Ouest et rejoi-
gnait le mouillage du Ferret, on ne trouvait plus que 2ᵐ,60 dans
la direction d'Eyrac; en 1826, on y avait 4ᵐ,55 et l'accès du mouillage d'Eyrac était signalé comme difficile. En 1835, le banc de

Bernet qui ferme l'extrémité Nord de la rade de Moulleau s'étant
définitivement formé, la passe s'était portée au large avec 5^m,20
d'eau. En 1854, ce mouvement s'accentuait davantage et le mouillage
d'Eyrac, se prolongeant de plus en plus vers l'Ouest, ne se trouvait
plus séparé de celui du Ferret que par une barre très large et
courte présentant au moins 6^m,5o d'eau à basse mer.

Le banc de Bernet s'est successivement rapproché et éloigné de
la côte. Depuis trois ans, il gagne vers l'Est, en même temps que
les courants rongent la rive, et la langue de sable qui le relie à la
terre est presque arrivée au niveau des basses mers.

En 1826, on avait 8 mètres de profondeur au moins dans la
rade d'Eyrac, sur une surface de 273 hectares. En 1854, par
suite de l'allongement vers l'Ouest, la surface de la rade se trouvait
portée à 375 hectares, sa longueur dépassait 7 kilomètres, sa largeur moyenne était de 54o mètres, les profondeurs maxima attei-
gnaient 19^m,5o. Depuis cette époque, la forme et les dimensions
de la rade ont varié en même temps qu'il y avait un déplacement
sensible vers le Sud, devant Arcachon. En 1866, la rade s'était
raccourcie du côté de l'Ouest; en 1873, elle regagnait ce qu'elle
avait perdu depuis 1854.

La tenue y est très bonne et les navires y sont en sûreté. Les
vents de N. O. sont ceux qui les fatiguent le plus, mais l'agitation
n'est jamais assez grande pour que les navires aient réellement à en
souffrir.

En 1854, M. Pairier concluait de sa reconnaissance du bassin
que les rades d'Eyrac et du Ferret, et spécialement cette dernière,
présenteraient de grands avantages, après l'amélioration de l'entrée,
pour un établissement maritime de premier ordre.

A l'Est, la rade d'Eyrac se divise en quatre bras : 1° le chenal
de la Canelette, par lequel on arrive au port de la Teste et qui
sert de refuge aux petites embarcations dans les mauvais temps;
2° les chenaux de Gujan et du Passant, avec une profondeur de
4^m,5o à 2^m,5o sous basse mer, qui, se décomposant en d'autres

chenaux secondaires, donnent accès aux ports établis sur la rive Sud du bassin ; 3° le chenal du Teichan, profond en moyenne de 6^m,5o, qui se divise lui-même en trois autres moins importants, reçoit les eaux de la rivière de la Leyre, conduit aux ports d'Audenge, Certes et Lanton et communique avec la partie Nord du bassin par le chenal du Courant ; 4° le chenal de Cousse dirigé Sud-Nord, à l'Est des crassats qui entourent l'île des Oiseaux. On y trouve toujours au moins 5^m,5o d'eau ; il rejoint le chenal de l'Île au Nord et, par les chenaux de Mouchtalette et d'Andernos, conduit aux ports de Taussat et d'Andernos.

La rade du Cap Ferret se prolonge vers le Nord par le chenal de Piquey situé le long de la presqu'île du Ferret, et auquel on arrive après avoir franchi une série de hauts-fonds sur lesquels on trouve 3 mètres à mer basse. Le chenal de Piquey offre des profondeurs moyennes de 6 à 7 mètres ; il se divise au Nord en deux chenaux, celui de l'Île, qui se dirige vers l'Est, et celui d'Arès qui donne accès vers Lège et Arès, et présente une rade dans laquelle stationnent les caboteurs qui desservent ce dernier port.

Pour remonter dans les divers chenaux secondaires qui ne sont pas balisés, il est avantageux de profiter du premier flot qui, outre l'aide du courant, permet de se guider d'après l'aspect des bancs, ou au moins des travaux des parcs.

Les chenaux sont séparés par des bancs de vase sableuse appelés crassats, qui découvrent en moyenne de 2 mètres dans les grandes basses mers. Ils occupent à peu près les deux tiers de la surface du bassin et sont sillonnés par un grand nombre de petits chenaux. Les vases contiennent d'autant plus de sable qu'on se rapproche de l'entrée ; au Nord du banc de Bernet, les sables siliceux y entrent pour moitié ; on y trouve de l'argile, des matières organiques et peu de carbonate de chaux.

Le dépôt de ces vases est très lent ; il paraît provenir des petites rivières de la Leyre et de Lège qui se jettent dans le bassin. Le flot n'en apporte pas, car il amène toujours des eaux claires et on n'aperçoit aucune trace de vase sur les bancs de l'entrée. Outre les crassats, dont l'étendue et la hauteur varient peu, il existe dans le bassin plusieurs bancs de sable: le banc de Bernet, dont il a été déjà parlé et qui, après plusieurs alternatives de croissance et de décroissance, s'est, dans ces dernières années, considérablement accru vers le Nord, où il tend à se souder à la côte, et vers le Sud où il atteint presque le parallèle du cap Ferret; le banc Blanc et les Muscla qui occupent l'espace triangulaire compris au Nord entre les deux branches de la rade du Ferret. Ces bancs paraissent dus aux érosions de la côte, entre le sémaphore et le Pilat, et des rives Sud et Ouest du bassin devant Arcachon ou la presqu'île du Ferret.

D'autres bancs moins importants obstruent en partie le chenal de Piquey.

La position de ces bancs est déterminée par le régime des courants de marée. Les sables produits par les érosions des rives se déposent entre les chenaux de flot et de jusant dans les parties où les vitesses de chacun de ces courants sont atténuées, par suite de la direction imprimée aux eaux par les rives. La position et l'importance de ces bancs doivent d'ailleurs être en relation directe avec les variations de la passe à l'entrée du bassin ; ces variations modifient le régime des courants, au moins dans la partie du bassin au Sud de l'île des Oiseaux et à l'Ouest d'Arcachon.

Sur le crassat qui sépare les chenaux de Piquey, d'Eyrac et de Cousse se trouve l'île des Oiseaux, dont les rives sont très découpées et à laquelle on accède par un grand nombre de petits chenaux.

CORROSION DES RIVES.

Depuis l'année 1848, où les premières corrosions furent constatées, la rive Sud du bassin, devant la ville d'Arcachon, a subi des modifications inquiétantes. Le profil de la rive se compose, à la partie supérieure, d'une plage à pente douce qui se prolonge jusqu'au niveau des basses mers de vive eau et, au-dessous de ce niveau, d'un talus beaucoup plus raide, reliant la ligne de basse mer à un platin dont la profondeur sous basse mer est en moyenne de 10 mètres. Ce platin rejoint, par une pente faible, les grandes profondeurs de la rade qui atteignent 20 mètres en plusieurs points. Vers le Sud, la rive conserve à peu près la même forme générale, mais elle s'abaisse, ou plutôt recule; en même temps la pente du talus sous-marin se raidit et la plage se rétrécit.

Les chalets et les hôtels qui bordent le rivage représentent une valeur considérable ; ils ont été construits près de la limite de l'estran. Aussi l'inquiétude fut-elle grande quand on vit la rade d'Eyrac cheminer continuellement vers le Sud et la largeur de la plage diminuer sans cesse. En 1872, le danger fut plus spécialement signalé par les ingénieurs et, à partir de ce moment, les études ont été multipliées en vue de saisir la marche du phénomène, d'en déterminer les causes et d'y porter remède. Des tentatives faites en 1874 pour constituer un syndicat de défense ne purent aboutir, mais il en sortit un avant-projet qui a reçu son application de 1878 à 1880.

Les corrosions doivent être exclusivement attribuées dans cette partie du bassin à l'action du courant de jusant. Les lames n'y sont pas assez hautes pour attaquer la rive, surtout aux profondeurs de 8 mètres, où l'on constate les plus fortes érosions. L'étude des courants, la forme des chenaux montrent que le flot, après avoir tourné le banc ou la pointe de Bernet, gagne le large et se fait peu sentir le long du rivage. On ne pouvait donc lui attribuer les corrosions de la plage. D'ailleurs, si le flot eût entraîné des sables, il en aurait déposé une partie notable dans la moitié Est du bassin et on n'y a trouvé, jusque dans ces derniers temps, aucune trace de dépôts. Les courants de jusant, au contraire, par suite de la disposition des chenaux du Teichan et de Cousse, suivent le rivage ou le frappent obliquement. Des obser-

4.

vations de vitesses superficielles ont fait connaître en outre que, dans le chenal d'Eyrac, le débit du jusant est plus considérable que celui du flot. De plus, les eaux, en venant des chenaux de Cousse et du Teichan, où sont des profondeurs de 5 mètres seulement, gagnent brusquement la rade d'Eyrac, où les profondeurs descendent à 20 mètres et y reçoivent, à une certaine profondeur, une accélération de vitesse notable. Cette situation très défavorable se trouvait certainement aggravée par les travaux établis pour les parcs à huîtres, sur les crassats voisins du chenal de Cousse. Ces travaux, en fixant ce chenal dans une direction normale à Arcachon et en surhaussant ses rives, ne pouvaient qu'amener un accroissement des vitesses du jusant contre la plage.

La cause du mal étant connue, il restait à y porter remède. On songea tout d'abord à rejeter la plus grande partie du courant de flot dans le chenal de Piquey pour diminuer l'intensité du jusant devant Arcachon ; on eut aussi l'idée de détourner ce dernier en déviant vers l'Ouest le chenal de Cousse qui, dans sa situation, poussait les eaux contre la rive Sud. On renonça à ces projets, à cause de leurs difficultés et de l'incertitude des résultats, pour avoir recours à un système de défense locale sur les points attaqués.

Le projet comprenait une digue longitudinale en enrochements établie, sur une longueur de 1,840 mètres, à 180 mètres en moyenne au large du pied des perrés et arasée à 7 mètres au-dessous du niveau des basses mers de vive eau. Quatorze épis transversaux dont la longueur variait de 75 à 100 mètres devaient relier la digue au talus sous-marin dans lequel ils se soudaient à 2 mètres sous les basses mers. Cet ensemble de travaux devait s'étendre depuis le débarcadère d'Eyrac jusqu'à 360 mètres à l'aval de l'allée de la Chapelle. Le projet, dont la dépense s'élevait à 400,000 francs, fut approuvé par décision ministérielle du 1er août 1877. On mit la main à l'œuvre en 1878, devant la Chapelle, où les corrosions étaient le plus actives. On construisit la digue longi-

tudinale sur 800 mètres de longueur et huit épis. Les travaux
n'ayant pas donné les résultats qu'on en attendait, une décision
ministérielle du 17 juin 1881 en ordonna la cessation et prescrivit
de nouvelles études. Les dépenses effectuées se sont élevées à
291,124 fr. 21 cent.

En 1883, les ingénieurs proposaient la construction de deux
épis en enrochements, insubmersibles, partant de la plage et re-
joignant, au pied du talus sous-marin, le platin à faible pente qui
commence la rade d'Eyrac à 10 mètres de profondeur. Les dépenses
devaient s'élever à 390,000 francs, y compris la construction de
deux estacades en charpente utilisables pour la navigation.

Une décision ministérielle du 8 août 1883, prenant en consi-
dération l'avant-projet présenté, réduit à la construction d'un épi,
prescrivait la réunion d'une commission nautique. Cette commission
se réunit le 4 septembre suivant et donna un avis favorable au
projet. Conformément à une nouvelle décision ministérielle du
28 janvier 1884, ce projet fut soumis à l'examen du conseil municipal d'Arcachon qui y donna son adhésion dans la séance du
10 mars 1884. Le service de la marine appelé en conférence
émit aussi un avis favorable.

Enfin, une décision ministérielle du 24 mars 1885 a modifié
le projet présenté et invité les ingénieurs à étudier un projet d'épi
à claire-voie, dans le prolongement de l'avenue Legallais. L'épi
doit être disposé de manière à permettre facilement, et sans gêner
la circulation sur la plage, l'obturation plus ou moins complète des
vides compris entre les palées. Au droit des pieux, la plage sera
défendue par un revêtement de moellons posés à la main ; le talus
sous-marin, au delà de l'épi qui doit être arrêté provisoirement à
la profondeur de 5 mètres sous basse mer, sera recouvert d'enrochements jusqu'à l'alignement de la digue longitudinale actuelle.
Des études sont prescrites en outre en vue de rechercher si, par
des travaux économiques de fascinages, de creusement de rigoles
ou de déplacements de parcs à huîtres, on ne pourrait pas modifier

dans un sens favorable au maintien de la plage le régime des courants aggravé sur certains points par des travaux de main d'homme.

Ces études se poursuivent et des propositions seront adressées prochainement, dans le sens indiqué, à l'Administration supérieure.

La rive Ouest du chenal de Piquey est soumise aussi depuis longtemps à des corrosions qui doivent être attribuées à l'action des courants et qui tendent à faire disparaître tous les promontoires en saillie sur la direction générale de la rive. Devant le phare, au contraire, où la rive est en retrait vers l'Ouest, la plage s'exhausse et s'élargit, surtout depuis que des parcs à huîtres ont été établis sur ce point.

Les corrosions de la pointe de Bernet, dont il a été déjà fait mention, sont dues surtout à l'action du courant de flot qui arrive directement par la rade de Moulleau et se trouve rejeté vers l'Est, par l'accroissement constant, dans cette direction, du banc de Bernet. La lame, plus forte que devant Arcachon, paraît aussi exercer une certaine influence sur le régime de la partie de la rive comprise entre la pointe de Bernet et la côte extérieure. Dans les grandes tempêtes, comme celle de 1882, la plage et le talus de la dune sont couverts de pins entraînés par l'éboulement de la rive.

La rive Est et la rive Sud, à l'Est de la pointe de l'Aiguillon, ne subissent pas de modifications sensibles. La côte est très plate en ces points. Les chenaux voisins, qui reçoivent les sables des ruisseaux des Landes et une certaine quantité de vase, s'exhaussent à leur origine dans les parties abritées.

MARÉES.

L'établissement du port devant Arcachon est 4ʰ43ᵐ. L'unité de hauteur est 1ᵐ,95.

Les pleines mers au cap Ferret, à l'entrée du bassin, se produisent 15 minutes après les heures indiquées par l'Annuaire des

marées pour Cordouan. Devant Arcachon, le retard est en moyenne
de 5o minutes. Au fond des divers chenaux qui rayonnent dans le
bassin, la pleine mer est en retard de 15 minutes sur l'heure du
plein devant Arcachon. La hauteur de la pleine mer est à peu
près la même dans toute l'étendue du bassin. La basse mer au
cap Ferret se produit une heure environ après la basse mer de
Brest.

La hauteur des pleines et des basses mers, la rapidité d'ascension
de la marée, la durée de l'étale sont considérablement influencées
par le vent, à l'intérieur du bassin.

Les étales de haute et basse mer se propagent d'une manière
uniforme depuis le cap Ferret jusqu'au fond du bassin. Les changements successifs survenus dans l'entrée du bassin et dans la
disposition des bancs à l'intérieur n'ont pas eu d'influence sensible
sur l'heure du plein et la hauteur de la marée.

Depuis 1877, un marégraphe a été installé sur le débarcadère
d'Eyrac à Arcachon ; son zéro a été établi à $1^m,472$ au-dessous du
niveau moyen de la Méditerranée. Les niveaux des marées rapportés
à ce zéro sont les suivants :

$$
\begin{array}{lll}
& \text{de vive eau d'équinoxe} \ldots\ldots\ldots\ldots & -0^m,49 \\
\text{Basses mers} & \text{de vive eau ordinaire} \ldots\ldots\ldots\ldots & +0\ \ 05 \\
& \text{de morte eau ordinaire} \ldots\ldots\ldots\ldots & 0\ \ 63 \\
\text{Niveau moyen de la mer} \ldots\ldots\ldots\ldots\ldots\ldots & 2\ \ 046 \\
& \text{de morte eau ordinaire} \ldots\ldots\ldots\ldots & 3\ \ 30 \\
\text{Hautes mers} & \text{de vive eau ordinaire} \ldots\ldots\ldots\ldots & 4\ \ 08 \\
& \text{de vive eau d'équinoxe} \ldots\ldots\ldots\ldots & 4\ \ 85 \\
\end{array}
$$

On peut citer comme marée exceptionnelle celle du 27 octobre
1882, qui s'est élevée à $5^m,42$ au-dessus du zéro et qui a produit
dans le bassin et sur ses rives des dégâts considérables.

Deux courbes de marées de vive eau et de morte eau sont
figurées ci-après :

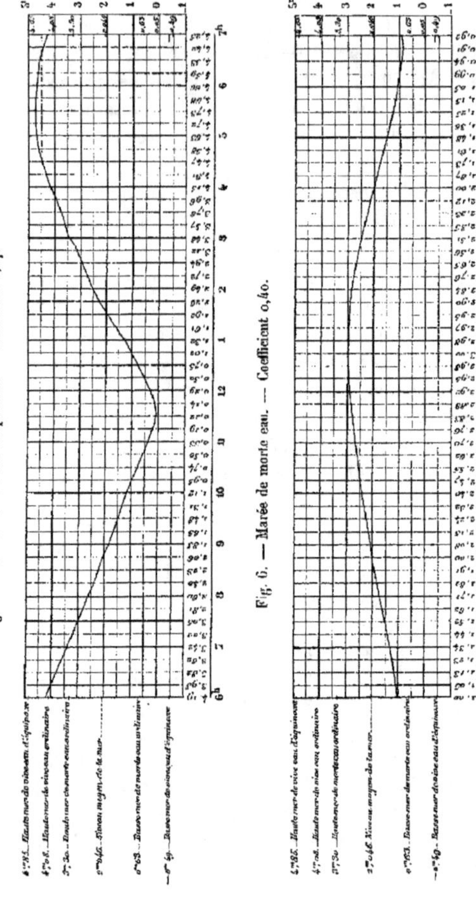

Fig. 5. — Marée de vive eau d'équinoxe. — Coefficient 1,17.

Fig. 6. — Marée de morte eau. — Coefficient 0,40.

Le tableau ci-dessous donne le résumé des observations faites au marégraphe, de 1877 à 1885. Les cotes qui y figurent sont rapportées à des niveaux différents, par suite des tassements successifs subis par le marégraphe depuis son établissement. Le zéro, primitivement à la cote —1^m,472, a été trouvé, en 1878, à —1^m,523 et en 1882 à —1^m,542, ce qui indique un tassement de 0^m,07.

MARÉGRAPHE D'ARCACHON.

RÉSUMÉ DES OBSERVATIONS POUR LA PÉRIODE DE 1877 (1er MARS) à 1885 (1er FÉVRIER).

| DURÉE DE LA PÉRIODE DES OBSERVATIONS. | | | | NIVEAUX DE LA MER. | | | SURFACE de NIVEAU à laquelle se rapportent les chiffres précédents. |
| PREMIER JOUR. | | DERNIER JOUR. | | MAXI-MUM. | MINI-MUM. | HAUTEUR MOYENNE. | |
Année.	Jour et mois.	Année.	Jour et mois.				
				mètres.	mètres.	mètres.	
1877	1er mars.	1877	1er août.	4.46	— 0.13	2.015	— 1.472 du nivellement général de la France.
1877	1er août.	1878	1er janvier.	4.79	— 0.29	2.030	
1878	1er janvier.	1878	1er juin.	4.41	— 0.48	2.006	— 1,523.
1878	1er juin.	1878	1er novembre.	4.80	— 0.16	2.048	
1878	1er novembre.	1879	1er avril.	4.77	— 0.31	2.142	
1879	1er avril.	1879	1er septembre.	4.84	— 0.18	2.084	
1879	1er septembre.	1880	1er février.	4.32	· 0.33	1.968	
1880	1er février.	1880	1er juillet.	4.64	— 0.11	2.044	
1880	1er juillet.	1880	1er décembre.	4.45	— 0.04	2.098	
1880	1er décembre.	1881	1er mai.	4.83	— 0.27	2.106	
1881	1er mai.	1881	1er octobre.	4.79	— 0.20	1.998	
1881	1er octobre.	1882	1er mars.	4.37	— 0.66	2.010	
1882	1er mars.	1882	1er août.	4.06	— 0.20	2.004	
1882	1er août.	1883	1er janvier.	5.42	— 0.19	2.158	— 1.542.
1883	1er janvier.	1883	1er juin.	4.72	— 0.30	2.090	
1883	1er juin.	1883	1er novembre.	4.54	— 0.11	1.996	
1883	1er novembre.	1884	1er avril.	4.42	· 0 15	2.070	
1884	1er avril.	1884	1er septembre.	4.35	— 0.13	1.980	
1884	1er septembre.	1885	1er février.	4.91	— 0.06	2.038	

La courbe de marée, au cap Ferret, a une forme sinusoïdale

très régulière et symétrique. Devant Arcachon, l'influence des bancs intérieurs se fait sentir, et la deuxième moitié du flot monte généralement moins vite que la première, par suite du débouché plus grand que trouvent les eaux quand les bancs sont couverts. La durée du montant est à peu près égale à celle du descendant, quelquefois supérieure dans les marées de morte eau.

L'étale de pleine mer est en moyenne de 30 minutes pour une marée de vive eau, celle de basse mer a une durée moindre.

Les courants de marée atteignent, à l'entrée, des vitesses de 4 nœuds en jusant; le flot ne dépasse guère 2ⁿ,5. A l'entrée, le courant renverse une demi-heure environ après la haute et la basse mer. En jusant comme en flot, le courant est très violent sur la barre qui relie la rade de Moulleau à celle du Cap Ferret; il atteint sur ce point des vitesses de 4ⁿ,5.

Au Nord de cette barre, le flot a une tendance à suivre la côte Est. Le jusant au contraire suit la côte du cap Ferret.

Le tableau ci-joint donne les débits par minute vis-à-vis du Ferret, à divers moments du flot et du jusant.

FLOT.			JUSANT.		
HAUTEURS MOYENNES DE LA MARÉE		DÉBITS au Ferret.	HAUTEURS MOYENNES DE LA MARÉE		DÉBITS au Ferret.
dans le bassin.	au Ferret.		dans le bassin.	au Ferret.	
mètres.	mètres.	mètres cubes.	mètres.	mètres.	mètres cubes.
1.50	1.80	710,000	1.50	1.23	610,000
2.25	2.68	1,600,000	2.25	1.82	1,370,000
2.75	3.12	1,800,000	2.75	2.31	1,570,000
3.50	3.75	1,390,000	3.50	3.13	1,460,000

On voit que, passé une hauteur moyenne de 1ᵐ,50, qui correspond précisément à la hauteur moyenne des bancs à l'entrée, le débit augmente rapidement. On reconnaît, en outre, que pour une même hauteur d'eau au Ferret, jusque vers 2ᵐ,50 au-dessus

du zéro, le jusant a une vitesse plus forte que le flot, l'action de la
lame étant mise à part. Au-dessus de $2^m,5o$, le phénomène inverse
se produit.

Le cube d'eau introduit dans le bassin, au Nord du parallèle
du cap Ferret, est environ de 370 millions de mètres cubes, pour
une marée moyenne de vive eau, et de 130 millions pour une
faible marée de morte eau.

Des expériences faites en 1874 sur la propagation de la marée
et les vitesses des courants dans l'intérieur du bassin, il résulte que
le flot est plus élevé de quelques centimètres à Moulleau qu'au
phare, jusqu'au moment où le flot va dépasser le banc de Bernet ;
quand le banc est couvert, la différence s'atténue et disparaît rapidement. Il semble qu'à ce moment la montée de la marée soit
arrêtée dans la rade de Moulleau pendant un certain temps, par
suite du déversement du flot dans le chenal du Ferret par-dessus le
banc de Bernet. En jusant, au contraire, les cotes lues au phare
sont plus élevées que celles de Moulleau de $o^m,1o$ à $o^m,25$.

Le débit du flot est supérieur à celui du jusant dans la rade de
Moulleau et dans le chenal de Piquey. Le débit du jusant est plus
fort que celui du flot devant Arcachon, dans la partie du chenal
d'Eyrac voisine de la côte Sud ; il en est autrement pour la partie
Nord de ce chenal qui reçoit directement les eaux du flot venant
du Ferret. Des observations faites au Nord de l'île des Oiseaux,
il semble résulter qu'une partie du flot apporté par le chenal de
Piquey contourne l'île et vient se déverser dans la rade d'Eyrac
par le chenal de Cousse, augmentant ainsi l'intensité du courant
de jusant sur ce point.

Le flot devant Arcachon ne dépasse pas une vitesse de 1 nœud 2.
Le jusant, au contraire, atteint à la surface des vitesses de plus de
2 nœuds ; les vitesses de fond n'ont pas été mesurées, mais elles
sont certainement beaucoup plus considérables, à cause de la disposition des fonds.

Dans la plupart des chenaux intérieurs secondaires, les courants ont une faible vitesse. Dans les chenaux de Gujan, du Teich et de Cousse, les vitesses sont cependant considérables dans la première partie du montant et dans la deuxième moitié du descendant, quand les crassats qui les limitent sont découverts. Les chenaux au Nord de l'île des Oiseaux sont alimentés par le chenal de Piquey; ceux du Sud par Eyrac. En jusant, les chenaux du Sud et de l'Est, y compris ceux de Mouchtalette et d'Andernos, évacuent leurs eaux par la rade d'Eyrac, qu'ils rejoignent par les chenaux du Passant, du Teichan et de Cousse.

VENTS.

Le régime des vents, à l'intérieur du bassin, est très sensiblement le même que sur la côte extérieure, sauf sur les points abrités, comme la rive Est du chenal de Piquey ou l'anse de la Teste. Le tableau ci-dessous donne la répartition moyenne des vents pour une année au port de la Teste :

Direction du vent..	N.	N. E.	E.	S. E.	S.	S. O.	O.	N. O.
Nombre de jours..	42	68	23	38	23	40	56	75

Les vents régnants pour les diverses saisons sont les suivants :

Au printemps........................	du N. E. au N. O.
En été.............................	du N. E. au N. O.
En automne.........................	du S. E. au S. O.
En hiver...........................	du S. O. au N. O.

PLUIES.

Des observations pluviométriques ont été entreprises par la Commission météorologique de la Gironde, sur toute l'étendue du département, depuis le 1er juin 1881. Les tableaux qui suivent donnent le résultat de ces observations à Piquey, Arès et Audenge.

Dans la partie peu accidentée du département comprise entre le littoral et la vallée de la Gironde, la quantité annuelle de pluie va rapidement en croissant du Nord au Sud. Le sol boisé des dunes exerce une influence très marquée sur l'intensité des pluies. Ce fait est nettement mis en évidence par la comparaison des hauteurs d'eau tombée aux douze stations établies parallèlement à la côte, les unes sur le bord même de l'Océan, les autres en arrière des dunes.

ANNÉES.	QUANTITÉ DE PLUIE RECUEILLIE	
	SUR LES BORDS DE L'OCÉAN. (Moyenne de 7 stations.)	EN ARRIÈRE DES DUNES. (Moyenne de 3 stations.)
	millimètres.	millimètres.
1882–1883...................	1,118.8	1,234.4
1883–1884...................	802.0	863.0

Le tableau suivant fait connaître le nombre de jours de pluie et la hauteur de la pluie tombée, pour ces quatre dernières années, dans chacune des stations du bassin :

ANNÉES.	NOMBRE DE JOURS DE PLUIE.			HAUTEUR DE LA PLUIE TOMBÉE.		
	ARÈS.	PIQUEY.	AUDENGE.	ARÈS.	PIQUEY.	AUDENGE.
				millim.	millim.	millim.
Juin 1881 à juin 1882......	119	118	"	808.5	673.3	"
Juin 1882 à juin 1883......	182	167	146	1,222.0	1,092.1	1,647.6
Juin 1883 à juin 1884......	147	120	143	899.5	774.9	1,189.7
Juin 1884 à juin 1885......	176	147	131	773.2	633.1	881.2

On voit, d'après ce tableau, que la répartition de la pluie sur l'étendue du bassin d'Arcachon est loin d'être uniforme.

La répartition moyenne de la pluie dans les diverses saisons est la suivante :

SAISONS.	ARÈS.		PIQUEY.		AUDENGE.	
	Juin 1881 à juin 1885.		Juin 1881 à juin 1885.		Décembre 1881 à juin 1885.	
	JOURS de pluie.	HAUTEURS de pluie.	JOURS de pluie.	HAUTEURS de pluie.	JOURS de pluie.	HAUTEURS de pluie.
		millimètres.		millimètres.		millimètres.
Printemps........	38	225.5	46	196.8	33.5	256.9
Été.............	30	174.2	27	137.6	27	263.4
Automne........	44	321.8	41	278.4	44	464.6
Hiver..........	44	229.7	38	178.5	32	211.8

Température. — Le tableau suivant indique par mois les résultats moyens des observations thermométriques faites depuis 1882, à la station d'Arès.

	TEMPÉRATURES moyennes. Degrés.
Janvier....................................	6.3
Février....................................	9.2
Mars......................................	8.0
Avril......................................	10.9
Mai.......................................	14.5
Juin......................................	16.8
Juillet....................................	19.6
Août......................................	20.5
Septembre.................................	16.2
Octobre...................................	11.8
Novembre.................................	9.0
Décembre.................................	6.4

Les températures minima et maxima observées pour les trois dernières années sont les suivantes :

	MINIMA. Degrés.	MAXIMA. Degrés.
1882-1883..............................	— 5,9	33,4
1883-1884..............................	— 7,5	33,3
1884-1885..............................	— 7,2	38,0

A Arcachon, la température s'élève à partir de la plage à mesure

qu'on pénètre dans les parties abritées de la forêt où s'est créée
la ville d'hiver. La différence des températures moyennes est de
$2°,3$.

Salure des eaux. — La salure des eaux du bassin varie d'un point à
un autre et diminue à mesure qu'on remonte les chenaux du bassin;
elle est soumise aussi, en un même point, à des variations dépen-
dant de l'état de la marée. Le tableau ci-dessous donne les dosages du
chlore total, exprimé en chlorure de sodium, pour des eaux prélevées à la surface, à différentes heures, le 13 mai 1885, vis-à-vis
de l'extrémité du débarcadère d'Eyrac.

HEURES.	CHLORURE DE SODIUM par litre.	ÉTAT DE LA MARÉE.	HEURES.	CHLORURE DE SODIUM par litre.	ÉTAT DE LA MARÉE.
	grammes.			grammes.	
$7^h 50^m$ matin.	26.3	Jusant.	$11^h 0^m$ matin.	26.0	Flot.
8 5	26.1	*Idem.*	11 45	28.2	*Idem.*
8 50	25.6	*Idem.*	3 45 soir. . .	29.4	Pleine mer.
10 0	25.5	Basse mer.	4 30	29.6	Jusant.
10 30	25.9	Flot.	5 15	29.2	Jusant.

Ces dosages montrent que, quand le jusant est bien établi, les
eaux douces qui coulent des Landes diminuent la salure des eaux,
au moins à la surface. A partir de la basse mer, au contraire, la
salure des eaux va croissant jusque vers une heure après la pleine
mer.

Le mélange des eaux douces et de l'eau salée ne se fait que
lentement et incomplètement, les premières glissant en quelque
sorte à la surface. Aussi trouve-t-on des différences notables de
composition pour les eaux prélevées à différentes profondeurs, en
un même point. Le tableau suivant donne les résultats de quelques
expériences.

DATES.	EMPLACEMENTS.	ÉTAT DE LA MARÉE	PROFON- DEURS.	CHLORURE DE SODIUM par litre.
				grammes.
11 mai 1885...	Chenal de Gujan vis-à- vis la Hume........	1 heure de flot.	Surface. 2^m.25 4^m.50	22.3 23.8 24.3
12 mai 1885...	Débarcadère d'Eyrac....	Pleine mer.	Surface. 4^m.25	28.6 29.4
8 juin 1885...	Au large, à 250 mètres de l'extrémité du débarca- dère d'Eyrac........	1 heure de jusant.	Surface. 2^m.50 5^m.00 10^m.00	29.9 30.1 30.1 30.8
8 juin 1885...	A 50 mètres à l'Est du dé- barcadère..........	1 heure de jusant.	Surface. 12^m.50	28.7 30.7

D'après des analyses comparatives faites en 1861, le degré moyen de salure de l'eau dans le bassin d'Arcachon est plus élevé que dans l'Océan et la Méditerranée.

OSTRÉICULTURE.

La principale industrie du bassin est l'ostréiculture, à laquelle se livre la plus grande partie des habitants du littoral.

Par sa situation, par la nature de ses fonds, le bassin d'Arcachon se trouve dans des conditions très favorables pour l'élevage des huîtres qui s'y multiplient à profusion et y grandissent rapidement. De tout temps, on en a trouvé dans le bassin. On les désigne sous le nom de gravettes. Elles formaient autrefois des bancs naturels épais et étendus qui paraissaient fournir une mine inépuisable et qui cependant, à la suite d'une exploitation abusive, finirent par s'appauvrir au point de faire craindre une ruine complète. Ce n'est qu'à partir de 1860, après l'exploration de M. Coste, que l'industrie privée, suivant l'impulsion donnée par l'État, installa des parcs à huîtres et se livra à la reproduction artificielle. Cette industrie eut toutefois, au début, à subir de nombreux insuccès dus pour la plupart à l'inexpérience des ostréiculteurs, au mauvais choix des terrains affectés à la création des parcs, à l'incertitude qui régnait encore sur les méthodes à suivre. C'est ainsi qu'en 1865, dans le bassin d'Arcachon, les parcs de l'État étaient prospères tandis que ceux des particuliers donnaient de mauvais résultats. En même temps, les gisements naturels s'étaient appauvris.

Par une application rigoureuse de la réglementation de 1853, qui porte interdiction de pêcher dans les huîtrières naturelles en dehors des époques fixées par l'autorité maritime, on a enrichi ces huîtrières et augmenté l'abondance du naissain dont bénéficient les parcs.

Le tableau suivant montre l'importance toujours croissante qu'a prise l'industrie ostréicole, depuis 1865, dans le bassin d'Arcachon. Plus de 4,500 hectares de terrain ont été concédés pour la création de près de 5,000 parcs, dont les produits exportés représentent pour l'année 1884 une valeur de 4,216,075 francs. Encore faut-il ajouter que la plus grande partie des huîtres exportées est transportée à Marennes ou en Angleterre dans des parcs où elle grandit et acquiert, notamment à Marennes, des qualités spéciales et une plus grande valeur.

TABLEAU DONNANT LA CONTENANCE DES TERRAINS CONCÉDÉS POUR L'ÉTABLISSEMENT DES PARCS À HUÎTRES, LE NOMBRE DES PARCS, LE NOMBRE D'HUÎTRES EXPORTÉES ET LEUR VALEUR.

ANNÉES.	SURFACE DES TERRAINS CONCÉDÉS		PARCS EXISTANTS.	HUÎTRES EXPÉDIÉES.	VALEUR.
	PAR ANNÉE.	TOTALE.			
	hectares.	hectares.			francs.
1865.............	350 00	350 00	297	10,584,550	338,705
1866.............	4 50	354 50	301	7,062,000	282,070
1867.............	27 00	381 50	340	4,921,210	194,175
1868.............	32 50	414 00	434	8,599,075	319,186
1869.............	12 80	426 80	464	10,145,687	419,784
1870.............	30 00	456 80	485	6,541,140	352,666
1871.............	141 00	597 80	761	4,897,500	268,322
1872.............	222 20	820 00	1,132	10,796,740	537.515
1873.............	155 00	975 00	1,238	25,711,750	1,159,397
1874.............	1,358 50	2,333 50	2,418	42,542,650	1,745,050
1875.............	797 30	3,130 80	3,039	112,715,283	2,817,630
1876.............	298 66	3,429 46	3,345	196,885,450	3,941,309
1877.............	262 32	3,691 78	3,646	202,392,225	4,456,228
1878.............	337 56	4,029 34	3,931	176,500,225	4,426,500
1879.............	196 50	4,225 84	4,115	160,197,275	3,994,241
1880.............	75 00	4,300 84	4,259	195,477,357	4,254,465
1881.............	48 59	4,349 43	4,353	216,310,330	4,306,010
1882.............	48 71	4,398 14	4,489	268,082,500	4,825,425
1883.............	83 46	4,481 60	4,626	192,872,530	4,216,691
1884.............	35 39	4,516 99	4,773	169,342,700	4,216,075

Les parcs sont établis, pour la plupart, sur des terrains désignés sous le nom de crassats qui découvrent en moyenne de 2 mètres aux grandes basses mers. A mesure que ces crassats se sont couverts de parcs, l'industrie s'est rejetée sur les plages sablonneuses, et depuis quelques années un grand nombre de parcs se sont créés du côté du cap Ferret.

Tous les crassats ne sont pas également bons. Les fonds qui paraissent donner les meilleurs résultats sont ceux qui découvrent de 1 mètre environ aux grandes marées. Il faut en effet que le parc soit assez bas pour que le naissain ne soit pas trop exposé en été à l'ardeur du soleil; par contre, il doit découvrir suffisamment pendant les marées de syzygies pour qu'on puisse s'y livrer aux travaux de culture et d'entretien et à la chasse des ennemis de l'huître.

Les crassats sont recouverts d'une herbe fine qui leur donne l'aspect de prairies; les meilleurs pour la reproduction sont ceux dont le sol est argileux et coquillier. L'ostréiculteur, pour établir son parc, enlève les grandes herbes, mais il laisse la petite herbe qu'on appelle moussillon. Sur les emplacements complètement dénudés, l'huître croît, il est vrai, plus rapidement, mais elle est moins féconde et plus exposée aux intempéries.

L'élevage des huîtres donne lieu à des opérations très minutieuses qui nécessitent une surveillance et un travail constants. La mise en exploitation d'un parc d'un hectare avec tous ses aménagements complets exige des avances de fonds considérables qui peuvent atteindre 7,000 francs. On peut se rendre compte ainsi de la valeur que représente actuellement la vaste exploitation du bassin d'Arcachon. Les produits sont très variables suivant les années, suivant la nature du terrain et l'habileté ou les soins de l'ostréiculteur. L'industrie ostréicole a été, à plusieurs reprises, soumise à des crises que l'expérience acquise chaque année et l'extension progressive des débouchés tendent à atténuer, sans cependant les faire disparaître en totalité.

Pour faciliter l'exploitation des parcs, on a sensiblement amélioré dans ces dernières années les ports fréquentés par les ostréiculteurs. Les travaux exécutés ont eu surtout pour but l'approfondissement des chenaux d'accès et la création d'emplacements voisins du lieu de débarquement où les ostréiculteurs procèdent aux travaux du détroquage, qui consistent à détacher des collecteurs les jeunes huîtres qui s'y sont déposées et qu'on remet ensuite dans les parcs où elles grandissent.

De plus, huit cent quatorze concessions ont été accordées sur le domaine public maritime, près des ports ou des parcs, pour la construction de cabanes dans lesquelles les ostréiculteurs déposent leur matériel.

PÊCHE.

Dans le bassin d'Arcachon même, on pratique plusieurs genres de pêches : à la seine, à la courtine et au flambeau au moyen d'une fouane.

La pêche la plus productive est celle du royan, espèce de sardine très estimée. Elle se pratique dans le bassin ou dans l'Océan, au moyen de bateaux plats appelés pinasses. La grande pêche désignée dans le pays sous le nom de pcouguc, se faisait autrefois au moyen de bateaux non pontés. Elle n'est plus exercée actuellement que par une compagnie qui possède cinq bateaux à vapeur, d'une force moyenne de 50 chevaux, et dont les produits se sont élevés, pour 1884, à 389,000 kilogrammes de poisson, pour 1,076 pêches. Les poissons les plus communs sont les merlus, les raies, les grondins, les soles, les turbots et les barbues.

Le nombre des embarcations attachées aux différents ports du bassin d'Arcachon s'élevait, à la fin de 1884, à 5,211; il n'était en 1881 que de 4,570, ce qui donne une augmentation de 641 pour une période de trois années. Presque tous ces bateaux sont affectés à l'ostréiculture ou à la pêche.

HISTORIQUE DE LA RÉGION.

Le bassin d'Arcachon ne doit pas avoir toujours eu sa forme actuelle. Il paraît probable qu'à une époque plus ou moins reculée il s'ouvrait directement à la mer et que la formation de la presqu'île du Ferret est due au transport, du Nord vers le Sud, des sables mis en mouvement par les lames. Ces sables ont formé peu à peu un cordon littoral qui s'est successivement exhaussé sous l'action du vent et accru, tant en largeur qu'en longueur, jusqu'à l'état actuel.

Les bancs de sable qui obstruent de nos jours l'entrée du bassin ne sont que la continuation, à un niveau moins élevé, de ce cordon littoral qui fermerait sans doute complètement la baie si son exhaussement n'était arrêté par le mouvement des eaux emmagasinées à chaque marée dans le bassin. On a vu d'ailleurs, à certaines époques, le bassin presque complètement fermé, à la suite du déplacement de la passe vers le Sud.

On rencontre tout le long du littoral, dans le voisinage du bassin d'Arcachon, une série d'étangs d'eau douce qui ont dû, à une certaine époque, être comme lui en communication directe avec l'Océan et qui se sont trouvés séparés de la mer par la formation de dunes littorales. A mesure que les sables de la côte se sont déplacés vers l'Est sous l'action du vent, le fond de ces étangs s'est exhaussé, les eaux de pluie n'ayant plus leur libre écoulement en ont relevé le niveau et, soit par évaporation, soit par filtration à travers le sable des eaux les plus denses, la salure a peu à peu disparu.

L'étang de Cazeaux, le plus voisin du bassin d'Arcachon, dont les eaux s'écoulent aujourd'hui par le chenal de Mimizan, après avoir traversé les étangs de Biscarosse et d'Aureilhan, se déversait autrefois directement dans l'Océan par un chenal très profond, au lieu dit le Gurc de Maubruc. Ce chenal fut comblé par les sables vers la fin du xiv° siècle.

Outre ces transformations, la côte paraît avoir subi un affaissement général qui est accusé en certains points, au Sud du bassin, par la présence de troncs d'arbres encore en place, de poteries et d'instruments en silex trouvés au-dessous du niveau de la mer. Les érosions de la mer et cet affaissement auraient eu pour effet de faire reculer le rivage vers l'Est.

Le bassin d'Arcachon et les territoires des communes voisines sont compris dans l'ancienne contrée de Buch, qui faisait partie de la Novempopulanie, et dont les limites étaient : au Nord et à l'Est, le pays des Bituriges Vivisques, qui s'étendait depuis la pointe de

Grave jusqu'à Bordeaux; au Sud, le pays de Born; à l'Ouest, l'Océan. Les limites exactes de la contrée de Buch sont peu connues; suivant certains auteurs, elle avait 11 lieues de longueur sur 8 de large; suivant d'autres, elle ne comprenait guère que le territoire des communes actuelles qui bordent le bassin.

Les habitants du pays de Buch portaient le nom de Boïens. Environ six cents ans avant Jésus-Christ, sous le règne de Tarquin l'Ancien, ils suivirent avec d'autres peuples de la Gaule les étendards de Bellovèse et de Sigovèse, neveux d'Ambigat, roi de la Gaule Celtique, et passèrent en Italie et en Germanie. Ils s'établirent ainsi à différentes époques en Italie, en Bohême, en Bavière et jusque dans l'Asie Mineure. Cinq siècles plus tard, rentrés dans les Gaules, ils furent défaits par César qui leur assigna le territoire du Bourbonnais, entre la Loire et l'Allier.

L'émigration des Boïens paraît devoir se rattacher, d'après certains auteurs, à quelque catastrophe à la suite de laquelle l'Océan, envahissant les établissements les plus avancés de ce peuple, aurait déterminé la partie de la population en état de porter les armes à chercher hors du pays des positions plus solides. Quoi qu'il en soit, il est certain que les côtes n'étaient pas autrefois dans le même état d'abandon qu'aujourd'hui. D'après Strabon, tous les peuples d'Aquitaine étaient primitivement établis sur les bords de l'Océan dont ils se seraient éloignés peu à peu dans la suite. Des statuettes, des médailles romaines du 1ᵉʳ siècle de notre ère, des débris de mosaïque et de poterie trouvés sur plusieurs points prouvent que le pays était habité du temps des Romains.

La capitale du pays de Buch, nommée Boios, paraît avoir occupé une position voisine de l'emplacement actuel de la Teste. L'origine de cette ville est inconnue; le plus ancien ouvrage où elle se trouve mentionnée est l'*Itinéraire d'Antonin,* dressé dans le II⁰ siècle de notre ère. A cette époque, Boios était relié à l'Espagne par une route directe voisine de la côte qui passait par Aquæ Tarbellicæ (Dax). De ce dernier point, partait une autre route dirigée vers Bor-

deaux et bien distincte de la première. Boios devait donc avoir à
cette époque une certaine importance, puisqu'on avait jugé à propos de le mettre en communication avec l'Espagne par une voie
spéciale.

La contrée de Buch possédait de vastes forêts de pins dont les
habitants retiraient les matières résineuses, ce qui les fit appeler
piceos.

Pendant le IIIe siècle, Boios devint le siège d'un évêché dont l'histoire fait mention jusque vers le commencement du Ve siècle. A
cette époque, le pays fut dévasté par les Vandales qui, après avoir
traversé l'Aquitaine, s'avancèrent jusqu'aux Pyrénées. Boios perdit
alors la presque totalité de ses habitants. C'est vers la même époque
que dut avoir lieu la suppression de l'évêché.

On ignore l'époque de la disparition de Boios. D'après certains
auteurs, les Boïens, menacés par les dunes, auraient dès le début
défendu leur territoire contre l'envahissement des sables au moyen
de semis et de plantations ; les travaux de protection, détruits par
les Barbares, n'auraient pas été rétablis, et peu à peu les habitants
auraient dû abandonner leur cité engloutie sous les dunes. Ils auraient fondé un nouvel établissement sous le nom de Cap de Buch,
devenu Teste de Buch ; cet établissement, après avoir grandi et
prospéré, aurait été à son tour enfoui par le sable, et ses habitants,
avançant peu à peu vers le N. E., se seraient définitivement fixés
au point où se trouve actuellement la Teste.

Depuis la disparition de Boios le nom des Boïens s'était changé
en celui de Bougés. Les habitants avaient cessé de vivre indépen-
dants, leur territoire relevait du diocèse de Bordeaux et formait
l'archiprêtré de Buch. Au XIIe siècle, il fut réuni à celui de Born avec
Saint-Pierre-de-Parentis pour chef-lieu ; rien ne fut plus changé à
sa situation jusqu'en 1789.

Au XIe siècle on trouve le pays de Buch divisé en plusieurs
seigneuries dont la plus importante, celle de la Teste, était désignée sous le nom de Captalat de Buch. Le seigneur du captalat

de Buch prenait le titre de captal; il exerçait la juridiction, au moins au xvᵉ siècle, sur la presque totalité des territoires riverains du bassin. Il jouissait du droit de haute, moyenne et basse justice et avait pour résidence un château fort situé à l'Ouest de l'église actuelle de la Teste, dont les ruines ont aujourd'hui disparu, mais dont il restait encore des vestiges en 1849.

Le plus ancien captal de Buch cité par l'histoire est Pierre de Bordeaux qui vivait au début du xiiiᵉ siècle. Le Captalat passa, avec toute la Guienne, sous la domination anglaise dont il ne fut affranchi qu'en 1451 à la suite du traité de Fronsac. Plusieurs captaux ont joué un rôle marqué dans l'histoire, notamment Jean de Grailly qui vécut dans la deuxième moitié du xivᵉ siècle et fut un des grands capitaines de son temps.

Par une série d'héritages et de mariages, les captaux devinrent comtes de Foix et de Candale; ils étaient alliés à la famille royale de Navarre. Ladislas, roi de Hongrie et de Bohême, épousa au xviᵉ siècle une fille de Gaston de Foix, captal de Buch.

Au commencement du xviiᵉ siècle, Marguerite de Foix et de Candale, héritière du Captalat, épousa Jean-Louis de Nogaret de la Valette, duc d'Épernon et gouverneur de la Guienne, l'un des mignons de Henri III.

Le Captalat resta dans la maison de Foix, de Candale et d'Épernon jusqu'en 1713, époque à laquelle il fut vendu à la famille de Ruat, dont les descendants ont conservé cette seigneurie jusqu'en 1789.

Jusque vers le xviᵉ siècle, les habitants du Captalat furent maintenus par leurs seigneurs dans la plus cruelle servitude; la plupart étaient serfs questaux, ainsi qu'il résulte de titres délivrés en 1394. Aussi le pays ne se développait-il qu'avec la plus grande lenteur. Les guerres entre Charles VII et les Anglais, qui désolèrent la Guienne de 1442 à 1453, provoquèrent la ruine de la Teste, au moment où elle acquérait une certaine importance. En 1468, la capitale du Captalat ne possédait que quarante habitations. Encouragés par quelques concessions que leur accordèrent les seigneurs, les habitants reprirent courage vers 1500 et étendirent leur commerce. Au milieu du xviie siècle, la Teste possédait 800 habitants; le chiffre de la population s'élevait à 1,500 âmes en 1782.

Les captaux frappaient de droits onéreux la pêche et la navigation dans le bassin d'Arcachon. Ils s'attribuaient un droit de capte sur le produit des pêches; le droit de concage, en vertu duquel tout navire étranger qui entrait dans le havre d'Arcachon devait leur remettre les deux vingtièmes du boisseau de tout ce qui constituait le chargement; le droit de balisage, qui consistait en vingt sols sur chaque bateau étranger entrant dans le bassin; le droit d'ancrage, montant à six sols par bateau; le droit de pinasse, consistant en trois sols payés chaque semaine par le propriétaire de chaque pinasse ou bateau qui pêchait dans le bassin.

Ces différents droits furent abolis par une ordonnance du 28 janvier 1742, qui rendit libre la navigation et la pêche dans le bassin d'Arcachon.

Cette même ordonnance réservait au captal de Buch la faculté de se pourvoir sur les droits qu'il prétendait avoir à la propriété de l'île des Oiseaux. Le pourvoi n'eut pas lieu et l'île demeura propriété commune jusqu'en 1820, où elle fut incorporée au domaine de l'État.

L'île de Matoc, située entre les deux passes de l'entrée, avait été concédée à la comtesse d'Estillac qui prétendit empêcher les marins d'exercer l'industrie de la pêche sur les bancs contigus à cette île, dans toute l'étendue qui découvrait à basse mer. Un arrêt du Conseil du 13 septembre 1763 s'opposa à ces prétentions. Depuis cette époque, comme on l'a vu, l'île de Matoc a disparu, se transformant en un banc qui, peu à peu, est venu se souder à la côte.

Les habitants du bassin, au xviiie siècle, se livraient à la pêche en grand nombre, malgré les dangers de cette industrie dans les parages d'Arcachon. De 1767 à 1777, deux cent neuf marins auraient péri dans des naufrages. Le bassin entretenait à la même époque avec

la Bretagne un commerce des plus prospères; les riverains exportaient des vins, des résines, des brais et des goudrons et rapportaient du blé, des toiles et d'autres denrées dont les populations des
Landes venaient s'approvisionner au marché de la Teste. Le commerce des matières résineuses paraît d'ailleurs avoir pris à différentes
époques de larges proportions. Un marché de ces produits avait
lieu deux fois par semaine à la Teste; sa création était fort ancienne,
il en est fait mention dans les rôles gascons de 1382 et 1383.

De 1808 à 1815, au moment de la guerre maritime, le bassin
d'Arcachon a servi, dans plusieurs circonstances, de refuge aux
navires qui y entraient en relâche pour éviter les croisières ennemies.

Il a été à de nombreuses reprises, au xviiᵉ et au xviiiᵉ siècle et
dans la première moitié de celui-ci, question de faire du bassin
d'Arcachon un grand port de refuge et d'y créer un établissement
de marine militaire de premier ordre. Le projet en avait été agité
par Vauban. Ses rades profondes, d'une bonne tenue et bien
abritées, sur une côte dépourvue de tout point de relâche, devaient
en effet attirer l'attention. Plusieurs reconnaissances furent faites
qui toutes mirent en évidence les avantages du bassin au point de
vue de ses dispositions intérieures, mais en même temps les dangers
de l'entrée et les difficultés de l'améliorer. En 1854, on estimait
que les rades du Cap Ferret et d'Eyrac permettaient de recevoir,
par 10 mètres de profondeur d'eau, 21 vaisseaux de guerre de
premier rang, en comptant sur un espace de 2 encablures pour
chaque vaisseau. Pour les navires de commerce, d'un tirant d'eau
moindre et d'un tonnage moyen de 800 tonneaux, on évaluait à
7,500 le nombre que pouvaient en contenir les deux rades. On proposait, comme la partie la plus favorable pour un établissement
militaire, la rive qui longe le mouillage du Ferret, à cause du peu
de valeur des terrains sur ce point.

Il y a cinquante ans, le littoral du bassin d'Arcachon manquait
absolument de moyens de communication avec les contrées voisines.

En 1837, une loi autorisa la construction du chemin de fer de Bordeaux à la Teste; l'adjudication en fut faite la même année. La durée de la concession devait être de 34 ans 8 mois et 23 jours, mais, avant la fin des travaux, les prévisions du projet qui avaient fixé les dépenses à 3,950,000 francs avaient été dépassées de plus de 1,200,000 francs, et la compagnie chargée de la construction obtint que la durée de la concession fût portée à 70 ans. Le 7 juillet 1841, la ligne était ouverte à l'exploitation sur toute sa longueur de 52,300 mètres. Les résultats financiers de l'entreprise ne répondirent pas aux espérances qu'on avait conçues et la ligne fut mise sous séquestre en 1848.

Enfin, en 1853, la création de la ligne de Bordeaux à Bayonne fit cesser cet état de choses et plaça le chemin de fer de la Teste entre les mains de la Compagnie du Midi. Le besoin de prolonger le chemin de fer jusqu'à Arcachon se faisait déjà sentir, par suite des progrès de cette ville de bains. Le 26 juillet 1857, les travaux du prolongement étaient terminés et Arcachon était relié à Bordeaux par un chemin de fer.

La rive Est du bassin, moins privilégiée, est restée privée de moyens de transport rapides jusqu'en 1884, époque à laquelle a été inauguré le chemin de fer de Facture à Lesparre par Arès, concédé à la Compagnie des chemins de fer économiques.

Une loi, en date du 1er juin 1834, avait, en outre, autorisé l'ouverture d'un canal de navigation à point de partage, reliant le bassin d'Arcachon et les étangs du littoral. Les travaux furent commencés en 1837 et le versant Nord était livré à la circulation en décembre 1840. Un péage était perçu sur les transports, mais les ressources du pays se trouvèrent insuffisantes pour que la compagnie concessionnaire pût couvrir ses frais d'exploitation. Aujourd'hui le canal est entièrement abandonné, il débouche dans le bassin d'Arcachon à la Hume.

De la Hume à Cazeaux, le canal traverse les terrains mis en culture par la Compagnie agricole d'Arcachon qui avait entrepris, en

1837, de défricher et de coloniser les landes incultes situées au
S. E. de la Teste, mais qui a dû renoncer à son exploitation.

On a vu qu'à plusieurs reprises le mouvement des sables a obligé
les habitants de la rive Sud du bassin à se transporter vers l'Est.
Pendant l'hiver de 1750, les dunes firent des progrès suffisants
pour inspirer des craintes graves aux populations. Des travaux par-
tiels de défense avaient été entrepris sur divers points par les captaux et les particuliers. La fixation des dunes, de laquelle dépendait
la prospérité du pays, avait fait l'objet d'études et de mémoires.
Aidé de ces études et après avoir procédé à des expériences personn-
nelles, Brémontier démontra, dans un mémoire publié en 1780, la
possibilité de fixer les dunes en les ensemençant. Sous sa direction,
les premiers travaux furent entrepris en 1786 et furent couronnés
de succès. A partir de cette époque, l'œuvre de Brémontier a été
continuée et aujourd'hui toutes les dunes du littoral sont fixées.
Cependant sur quelques points de la côte, notamment vis-à-vis du
cap Ferret sur la rive Sud, les corrosions de la mer ont mis à nu des
talus de sable qui alimentent, sous l'action du vent, de nouvelles
dunes dont se couvrent les dunes voisines déjà boisées : mais il est
facile désormais de s'opposer à ces mouvements par des travaux de
peu d'importance.

Les mœurs des habitants du littoral ne présentent actuellement
rien de particulier.

Avant 1789, les marins et les résiniers qui formaient la presque
totalité de la population de la Teste vivaient séparés et de manières
très différentes. Leurs vêtements se distinguaient par la forme et
par la couleur, qui était bleue pour les marins, rouge pour les
résiniers. Ces derniers, habitant la forêt, mal logés, mal nourris,
étaient presque tous maigres et chétifs, tandis que les marins,
vivant bien des produits de leur pêche, étaient vigoureux et bien
découplés. Aujourd'hui la différence est beaucoup moins sensible.

Les femmes du bassin d'Arcachon se livrent à des travaux très
pénibles : sur le bassin, elles conduisent les embarcations et ont

les mêmes occupations que les hommes; à terre, c'est à elles qu'incombe la plus grande partie des travaux de l'agriculture.

PORT D'ARCACHON.

En 1488, un cordelier, Thomas Illyricus, fondait sur la rive d'Arcachon une modeste chapelle en bois. En 1624, on la rebâtissait en pierre; mais, dès le commencement du xviii° siècle, les sables s'amoncelaient autour d'elle et en 1721 ils l'avaient entièrement couverte. En 1722, la chapelle fut transportée à un kilomètre au N. E. de son ancien emplacement, au milieu d'une forêt de chênes et de pins, sur le point qu'elle occupe actuellement. Arcachon, à cette époque, ne possédait aucune population sédentaire.

Vers 1810, quelques Bordelais vinrent, pendant la saison des bains, s'installer à Arcachon, soit dans les cabanes de pêcheurs et de résiniers, soit aux postes de douanes établis récemment au Mouëng et au Pilat. Mais, à cause des difficultés de communication, le nombre des visiteurs resta fort restreint et aucun d'eux ne songea à s'y fixer. C'est en 1823 que fut construit le premier établissement de bains qu'on agrandit successivement; en 1836, de nouveaux hôtels se créèrent. Enfin, en 1841, les progrès s'accentuèrent par suite de la construction du chemin de fer de Bordeaux à la Teste qui faisait disparaître les difficultés du voyage. De 1842 à 1847, s'élevaient sur divers points de la côte de nombreuses villas; en 1844, on construisait le débarcadère d'Eyrac, qu'on reliait à la Teste par une route prolongée peu de temps après jusqu'à la chapelle. Les progrès se ralentirent un moment pour s'accentuer davantage à partir de 1852. Dans cette seule année, 78 maisons furent bâties. En 1854, les yeux se portaient sur Arcachon pour la création d'un grand port de refuge; en 1856, se décidait le prolongement du chemin de fer jusqu'à Arcachon.

Le bourg possédait à cette époque 283 maisons, 400 habitants sédentaires et une population flottante importante; il demandait sa séparation de la Teste. Arcachon fut érigé en commune par un décret du 2 mai 1857. Depuis cette époque, il n'a fait que prospérer, confirmant sa devise: *Heri solitudo, hodie vicus, cras civitas.*

Aujourd'hui Arcachon est une station de bains de mer des plus suivies.

Il se divise en deux parties bien distinctes : la ville d'été sur la plage, fréquentée dans la belle saison par les baigneurs; la ville d'hiver dans la forêt de pins. Cette dernière, abritée contre les vents par les dunes, jouit d'une température plus douce; elle est habitée en toute saison par des malades que les médecins y envoient, tant à cause de son climat que des propriétés particulières attribuées, pour les affections de poitrine, aux émanations résineuses de la forêt.

Arcachon ne ressemble guère aux autres stations de bains du littoral. La ville, créée d'hier, a pu être disposée en vue du but spécial poursuivi par ses fondateurs. La variété et l'originalité de ses chalets, tous confortablement aménagés et pourvus de jardins, lui donnent un caractère spécial qui ne contribue pas peu à y attirer les étrangers.

Le territoire de la commune d'Arcachon occupe une surface de 713 hectares seulement. Sa population, d'après le recensement de 1886, est de 8,102 habitants, dont 7,981 agglomérés. Ses revenus, pour 1884, se sont élevés à 291,565 francs.

Arcachon a expédié en l'année 1884, par le chemin de fer, 186,649 voyageurs.

Au point de vue de la douane, Arcachon dépend du bureau de la Teste. On désigne sous le nom de port d'Arcachon la rade d'Eyrac, et plus particulièrement la partie de cette rade comprise entre le débarcadère et la pointe d'Aiguillon qui correspond au quartier industriel et ostréicole.

Arcachon est situé par 3° 30′ 5″ de longitude Ouest et 44° 39′ 58″

PORT D'ARCACHON.

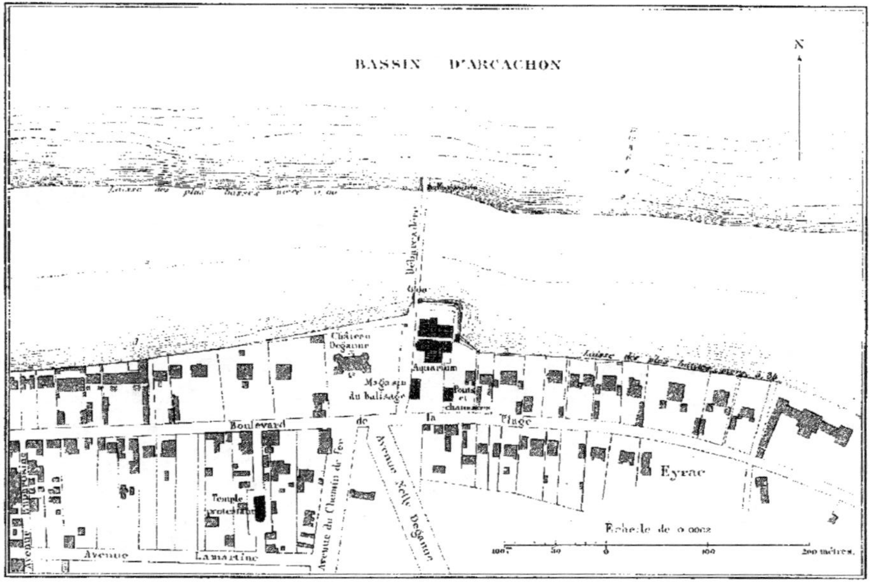

de latitude Nord, sur la rive Sud du bassin, à 12 kilomètres de l'Océan et à 56 kilomètres de Bordeaux.

L'heure de l'établissement du port est 4ʰ 43ᵐ.

L'unité de hauteur est 1ᵐ,95.

La pleine mer a lieu devant Arcachon 30 minutes plus tard qu'à l'entrée du bassin.

Les courants portent régulièrement : pour la marée montante, vers l'Est; pour la marée descendante, vers l'Ouest.

Le port d'Arcachon ne possède, pour le service des marchandises ou des voyageurs, qu'un débarcadère en charpente long de 120 mètres, large de 5 mètres. Le tablier est établi à la cote 5ᵐ,525 au-dessus du zéro de l'échelle du marégraphe, soit à 0ᵐ,665 au-dessus du niveau des pleines mers de vive eau. On trouve à son extrémité, dont la largeur a été portée à 8 mètres, une profondeur de 2 mètres sous le zéro (fig. 7).

Les pieux de la charpente ont dû être défendus contre le taret et la *limnoria terebrans* au moyen d'une enveloppe maçonnée jusqu'au niveau des pleines mers de morte eau.

La construction d'un débarcadère, autorisée par décision ministérielle du 24 juillet 1843, avait été commencée en 1844 et terminée à la fin de 1846. Elle avait donné lieu à une dépense de 30,357 fr. 26 cent. Dès cette époque, les ravages des tarets et les besoins de la navigation conduisirent à apporter certaines modifications aux ouvrages. Ces modifications, entreprises en 1847, furent achevées en 1850; elles avaient exigé une dépense de 56,917 fr. 05 cent. Elles portaient principalement sur la consolidation de la tête de la jetée et la protection des pieux par un massif de maçonnerie. Quelques travaux complémentaires, effectués surtout aux abords du débarcadère, élevèrent le total des dépenses faites au chiffre de 101,761 fr. 67 cent.

En 1872, le débarcadère se trouvait dans un état tel qu'une réfection partielle était devenue urgente. Une décision du 8 novembre 1872 l'ayant autorisée, les travaux furent exécutés de 1873 à 1875;

ils donnèrent lieu à une dépense de 17,000 francs, dont 8,000 furent payés par la commune d'Arcachon, à titre de subvention.

Le 27 octobre 1882, une tempête et une marée exceptionnelle qui atteignit la cote 5^m,42, emportèrent la totalité du tablier et une partie de la charpente. A la suite de cet accident, un crédit de 8,500 francs a été ouvert par décisions ministérielles des 6 novembre 1882 et 4 janvier 1883 pour la réparation du débarcadère. Les travaux ont été exécutés dans le courant de 1882-1883.

Cet ouvrage n'est guère utilisé que par les petites embarcations et les deux services de bateaux à vapeur qui, pendant l'été, font le transport des promeneurs entre Arcachon et le cap Ferret. Les bateaux de commerce font leurs opérations soit en rade, au moyen de chalands ou de pontons transformés en magasins, soit sur la plage même où ils se laissent échouer.

Le port est fréquenté en hiver par les navires qui font le transport des huîtres et par des chaloupes de pêche qui viennent de Bretagne; en été par les yachts de plaisance; en tout temps par les navires qui viennent d'Angleterre, chargés de charbon pour les vapeurs du bassin ou les usines de la contrée, et qui s'en retournent chargés de poteaux de mine.

Arcachon possède quatre chantiers de construction établis dans le quartier d'Aiguillon; on y construit par an près de 200 embarcations pour la pêche, le service des parcs et la navigation de plaisance.

A Arcachon se trouve l'établissement des Pêcheries de l'Océan qui possède cinq bateaux à vapeur d'une force moyenne de 50 chevaux. Ces bateaux pratiquent régulièrement la pêche au large et portent leur poisson soit à Arcachon, soit à la Rochelle.

PORT DE LA TESTE.

Le port de la Teste ou du Caillaou est situé par 3° 28′ 53″ de longitude Ouest et 44° 38′ 22″ de latitude Nord dans une baie profonde, à l'Est de la pointe d'Aiguillon. Il communique avec le reste du bassin par le chenal de la Canelette qui, après avoir contourné la pointe d'Aiguillon et suivi la rive Sud, rejoint la rade d'Eyrac un peu à l'Est de l'ancien casino.

L'heure de l'établissement du port est $4^h 48^m$.

Le régime de la marée est sensiblement le même que devant Arcachon. Le vent paraît cependant y exercer une influence plus considérable sur la hauteur de la pleine mer et la durée de l'étale.

Le port de la Teste et les chenaux qui y donnent accès forment un abri sûr pour les bateaux. Aussi, dans les mauvais temps, sert-il de refuge aux petites embarcations mouillées ordinairement devant Arcachon.

Primitivement, le port consistait simplement en une plage découvrant à basse mer où les bateaux d'un petit tonnage s'échouaient pour décharger leurs marchandises qu'on transportait à la Teste au moyen de charrettes.

En 1839, les ingénieurs dressaient un projet d'amélioration du port consistant dans la fermeture de la partie S. O. des prés-salés de la Teste au moyen de digues qui formaient un bassin de retenue. Les eaux de ce bassin devaient produire des chasses dans la portion du chenal conservée, près de la pointe d'Aiguillon. La partie extérieure de la jetée Est de ce réservoir était aménagée pour servir à l'embarquement et au débarquement des marchandises. Un port d'échouage était disposé près de l'extrémité Nord de cette jetée. Enfin un bassin à flot de 125 mètres de largeur sur 180 mètres de longueur, muni de quais verticaux et de magasins, devait être creusé dans les terrains de l'Aiguillon ; ce bassin était mis en communication avec le canal des Landes par un embranchement particulier, au moyen d'une écluse à sas.

Ce projet n'eut pas de suite. Une décision ministérielle du 1er mars 1842 prescrivait de nouvelles études dans lesquelles devait être comprise la construction d'un barrage fermant complètement les prés-salés de la Teste.

8

Indépendamment des travaux du port et comme question subsidiaire, les ingénieurs devaient rechercher le moyen de relier le canal des Landes à la Teste.

En 1840, la commune, voulant faciliter l'embarquement des promeneurs attirés par la construction du nouveau chemin de fer, avait fait creuser un chenal rectiligne allant du Sud au Nord, long de 800 mètres, large de 5 mètres au plafond et accessible seulement aux tilloles.

La situation du port était loin de répondre à ses besoins. Une décision ministérielle du 25 janvier 1852 autorisa l'exécution d'un projet d'amélioration.

Ce projet comprenait la construction, à l'Est du chenal, d'une jetée en terre longue de 860 mètres, avec 10 mètres de largeur en couronne.

Sa partie centrale devait recevoir une chaussée empierrée ; la défense des talus contre le clapotis était obtenue par des plantations de tamarins sur le côté Ouest, et par des clayonnages à l'extrémité Nord. En même temps, le chenal devait être agrandi et approfondi pour permettre l'arrivée des caboteurs d'un petit tonnage.

Les travaux furent exécutés de 1852 à 1854, ils donnèrent lieu à une dépense totale de 38,443 fr. 57 cent., dont 3,000 francs avaient été fournis par la commune.

A l'Ouest du chenal, large seulement de 10 mètres, se trouvait une plage à la cote moyenne de 2 mètres. Elle était abritée contre les vents dangereux et servait de lieu d'échouage aux bateaux.

Sur le côté Ouest de la jetée, trois estacades en charpente permettaient aux petits caboteurs de faire leurs opérations de chargement et de déchargement. Mais par les marées de morte eau ces bateaux ne pouvaient pas toujours accoster à pleine charge, ils devaient alors rester mouillés dans le chenal où on les déchargeait au moyen d'allèges.

Sur la demande du conseil municipal, les ingénieurs avaient

étudié, en 1865, un projet d'agrandissement du port et de construction d'une jetée à l'Ouest du chenal. Les dépenses devaient s'élever à 44,000 francs. Les ressources de la commune ne lui permettant pas, à cette époque, de contribuer aux dépenses, le projet n'eut pas de suite.

Un nouveau projet de moindre importance fut approuvé par décision ministérielle du 2 janvier 1868. Les dépenses s'élevaient à 15,000 francs dont le tiers était à la charge de la commune. Les travaux furent exécutés en 1869; ils comprenaient l'élargissement de la partie Sud du chenal, de manière à former une darse entourée de terre-pleins munis de cales pavées, sur une largeur au plafond de 55 mètres et une longueur de 75 mètres. La darse était creusée à la cote 2 mètres au-dessus du zéro de l'échelle d'Eyrac, le fond du chenal était dressé en pente, de la cote 2 mètres à la cote $1^m,60$ au-dessus du même niveau (fig. 8).

Bien que le commerce extérieur de la Teste allât sans cesse en décroissant, les dimensions du port ne tardèrent pas à devenir insuffisantes, le jour où l'industrie ostréicole se développa. De plus, pendant les mortes eaux, le chenal était difficilement accessible aux caboteurs, et la hauteur de son plafond, qui ne permettait que pendant peu de temps la circulation des bateaux affectés à l'exploitation des parcs, était une gêne considérable pour l'industrie ostréicole.

Aussi des études furent-elles entreprises à diverses époques pour améliorer cette situation.

Un premier avant-projet était dressé par les ingénieurs en 1875. Les dépenses devaient s'élever à 330,000 francs. Les ouvrages projetés comprenaient (fig. 9) :

L'allongement de la darse existante parallèlement à la route départementale, sur une longueur de 300 mètres, et l'abaissement de son plafond à la cote $0^m,50$;

L'élargissement et l'approfondissement du chenal auquel on donnait 15 mètres au plafond et une pente de $0^m,0002$ par mètre;

L'élargissement à 20 mètres en couronne de la jetée Est et la

8.

Fig. 8. — Port de la Teste avant 1883.

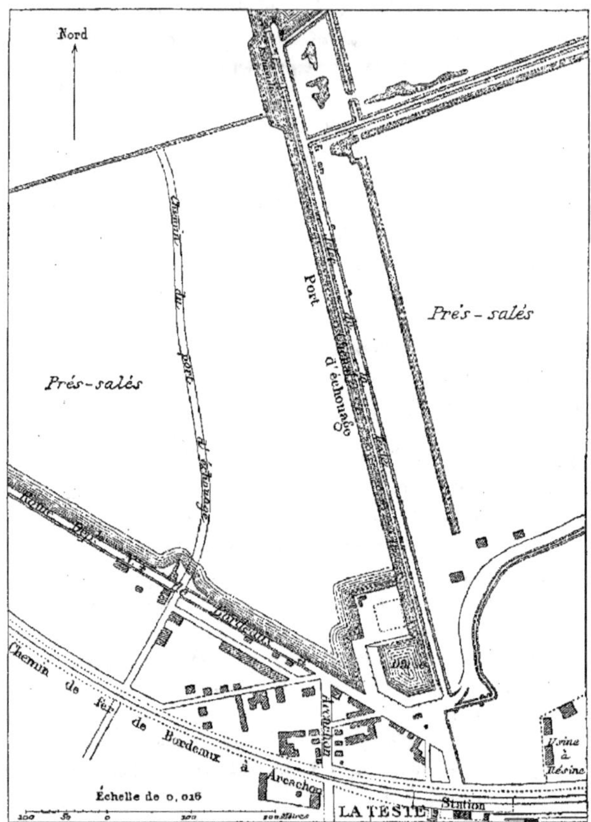

construction, à l'Ouest du chenal, d'une nouvelle jetée large de
20 mètres pour les opérations de l'ostréiculture;

Fig. 9. — Avant-projet de 1875.

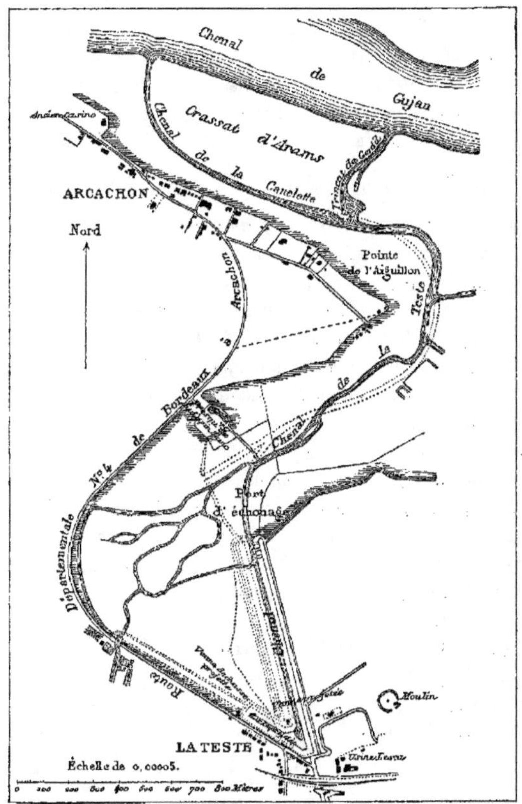

La création en arrière de cette dernière jetée d'un petit chenal,
protégé à l'Ouest par une digue, et dans lequel le niveau de l'eau

pouvait être réglé à volonté au moyen de vannes. Ce petit chenal
était destiné au dépôt des huîtres et des tuiles à détroquer;

La création d'un bassin de retenue sur les terrains compris entre
le chenal précédent et la route de la Teste à Arcachon;

La construction d'une écluse de chasse et de vannes;

Enfin, la régularisation et la fixation des berges du chenal de la
Teste jusqu'au chenal de Gujan et la construction d'appontements
dans la darse.

Une décision ministérielle du 5 février 1877 prescrivait un certain nombre de modifications et demandait, autant que possible,
la suppression des chasses pour l'entretien du chenal. De nouvelles
études furent faites dans ce sens et soumises à plusieurs enquêtes
dans la localité. Enfin un décret du 2 mai 1881 ayant déclaré d'uti-
lité publique les travaux du port de la Teste, un projet définitif
était dressé et approuvé par décision ministérielle du 22 avril 1882.

Ce projet a été mis à exécution dans les campagnes de 1883,
1884 et 1885. (Planche 110 de l'Atlas.) Il comportait l'agrandissement et l'approfondissement de la darse et des chenaux existants,
le creusement d'un chenal secondaire et la construction de vastes
terre-pleins nécessaires pour les diverses opérations de l'industrie
ostréicole et spécialement du détroquage. Les dépenses pour ce travail se sont élevées à 220,410 fr. 61 cent., dont 180,410 fr. 61 cent.
à la charge de l'État et 40,000 francs payés à titre de subvention
par la commune.

Elles se décomposent de la manière suivante :

Entreprise. . . . . 167,645^f 47^c
Dépenses en régie. 18,925 14
Acquisitions de terrains. 33,840 00

Total. 220,410 61

Par suite de ces divers travaux, le port de la Teste se compose
actuellement de l'ancien chenal, élargi à 25 mètres au plafond et
approfondi à 1^m,30 au-dessus du zéro d'Eyrac, sur une longueur

de 900 mètres; d'une darse large de 40 mètres au plafond et creusée à une cote variant, depuis le chenal jusqu'au fond, de 1^m,30 à 1^m,50 au-dessus du zéro. Cette darse longe le chemin de la Teste à Arcachon, sur une longueur de 235 mètres; elle est pourvue, sur un développement de 465 mètres, de cales pavées qui la mettent en communication avec les terre-pleins voisins. Un chenal secondaire, dérivé du chenal principal, creusé à la même profondeur, avec une largeur de 15 mètres au plafond et sur une longueur développée de 648 mètres, complète l'ensemble des installations accessibles pour les bateaux.

Deux jetées ont été établies le long de la darse et du chenal secondaire et donnent de vastes terre-pleins pour les opérations ostréicoles. Une de ces jetées, dirigée à peu près du Sud au Nord, limite le port à l'Ouest; elle a une longueur de 440 mètres et une largeur de 40 mètres en couronne; l'autre jetée longe la partie Nord de la darse sur une longueur de 180 mètres; elle a une largeur de 25 mètres, et se soude à la précédente à 120 mètres environ du terre-plein Sud de la darse.

L'ancienne jetée, à l'Est du chenal principal, a été améliorée. Trois estacades en charpente sont établies à son extrémité Nord; elles servent exclusivement pour les opérations des quelques caboteurs qui fréquentent le port de la Teste. Deux d'entre elles ont 6 mètres de largeur; la troisième, construite en 1884, a une largeur de 30 mètres; leur longueur commune est de 12^m,50.

Entre le chenal principal et le chenal secondaire, on a conservé une partie de l'ancien port d'échouage en forme de triangle. La partie Sud de cet emplacement a été exhaussée à la cote 3^m,60 sur une longueur de 115 mètres et une largeur de 90 mètres; elle est spécialement affectée au carénage des nombreuses embarcations du port. La partie Nord sert encore de port d'échouage, comme les parties des prés-salés situées à l'Ouest du chenal de la Canelette.

Au mois d'octobre 1882, à la suite d'une marée exceptionnelle, les eaux avaient rompu la jetée Est du port de la Teste en deux points et profondément raviné ses talus, dans les parties conservées. Une décision ministérielle du 6 novembre 1882 autorisa l'exécution des réparations nécessaires. Les travaux effectués en 1882-1883 ont donné lieu à une dépense de 28,000 francs.

A côté de ces divers travaux, applicables au port de la Teste proprement dit, il y a lieu de signaler le barrage partiel du Trincat de Gentil exécuté en 1869. Ce barrage a eu pour but de fermer la communication qui existait entre les chenaux de la Canelette et de Gujan à travers le crassat d'Arams et d'assurer aux embarcations un peu plus de calme dans le refuge formé par la Canelette devant le quartier d'Aiguillon. Les dépenses de construction se sont élevées à 10,000 francs; elles ont été couvertes en totalité par des subventions de la commune d'Arcachon et de particuliers intéressés.

La Teste est chef-lieu de canton; sa population, d'après le recensement de 1886, s'élève à 6,200 habitants, dont 5,235 agglomérés.

La Teste est desservie par deux chemins de fer : celui de Bordeaux à Arcachon et celui de la Teste à Cazeaux; par le chemin de grande communication n° 104, de Bordeaux à Arcachon, et par le chemin d'intérêt commun n° 144, de la Teste à Cazeaux.

L'ostréiculture, la pêche, l'exploitation des forêts de pins et le commerce des résines occupent la presque totalité des habitants de la commune.

Le premier tableau de renseignements statistiques donne, pour les vingt dernières années, le mouvement de la navigation et les droits de douanes perçus au bureau de la Teste.

PORTS DE GUJAN-MESTRAS.

On désigne sous le nom de ports de Gujan-Mestras l'agglomération des trois ports suivants :

1° Le port de Gujan;

2° Le port de Larros;

3° Le port du canal de Mestras.

Ces trois ports desservent la commune de Gujan. Ils sont situés sur la rive Sud du bassin, à proximité du chemin de fer de Bordeaux à Arcachon.

L'établissement des trois ports est $4^h 53^m$.

Les marées y montent de $4^m,03$ en pleines mers de vive eau ordinaires et de $3^m,66$ dans les pleines mers de morte eau ordinaires. Aux marées de syzygies, la pleine mer a lieu à $4^h 50^m$, la basse mer à $10^h 50^m$. La durée de l'étale est de 20 minutes.

Le port de Gujan est situé par $30°25'5''$ de longitude Ouest et $44°38'40''$ de latitude Nord; il communique avec le bassin d'Arcachon par le ruisseau de Gujan, qui se jette dans le chenal de Gujan dont les eaux vont rejoindre la rade d'Eyrac.

Jusqu'à ces derniers temps, le port de Gujan comprenait seulement le ruisseau que remontaient assez difficilement les petites embarcations plates, ou tilloles, employées au service des parcs ou à la pêche de la sardine.

En 1883, l'État a compris dans les travaux d'amélioration les ports de Gujan-Mestras et a exécuté avec le concours de la commune le creusement, à Gujan, d'une petite darse en forme de parallélogramme, de 40 mètres de long sur 20 mètres de large. Le plafond de cette darse est réglé à la cote $2^m,34$. Elle communique avec le ruisseau de Gujan par un chenal de 10 mètres de largeur sur 59 mètres de longueur. Les terres provenant du creusement ont servi à créer des terre-pleins pour l'ostréiculture (fig. 10).

Le port est à 700 mètres de la gare; il est entouré de nombreuses cabanes de pêcheurs; il possède un chantier de construction et un atelier de sardinerie qui n'occupe pas moins de 115 saleurs. Le trafic des sardines s'y fait sur une grande échelle. Dans les années abondantes on prépare jusqu'à 30 millions de sardines.

Le port de Larros, vis-à-vis de la gare et à 700 mètres à l'Est du précédent, est situé par $3°24'50''$ de longitude Ouest et $44°38'45''$ de latitude Nord.

Il était formé autrefois de l'estey de Larros, petit ruisseau à

peine praticable à pleine mer pour les petites embarcations. En
1879, la commune demanda l'amélioration de ses ports. Un projet
fut présenté en 1882 et approuvé par décision ministérielle du
5 avril 1882. Il comprenait le creusement d'une darse et de chenaux, ainsi que l'établissement d'une jetée au port de Larros et la
création de la darse de Gujan. Le travail a été exécuté en 1883-
1884; il a donné lieu à une dépense de 86,116 fr. 76 cent.,
dont 30,000 francs à la charge de la commune.

Le port actuel communique avec le bassin par le ruisseau de
Gujan rectifié et élargi jusqu'à 12 mètres au plafond. Il comprend
au Sud une darse rectangulaire de 110 mètres de long et 60 mètres
de large au plafond, creusée à la cote 1^m,70 au-dessus du zéro du
marégraphe d'Eyrac. A la suite, et ouvert du Sud au Nord, est un
chenal provenant de la rectification du chenal de Gujan et dont le
plafond, réglé en pente uniforme, part de la cote 1^m,30 pour
rejoindre le plafond de la darse (fig. 10).

La darse est entourée d'un terre-plein établi à la cote 5^m,24 et
large de 20 mètres sur une longueur de 370 mètres. Le talus intérieur de ce terre-plein forme une cale pavée inclinée à 5/1 sur
laquelle les tilloles s'échouent à mer basse. A l'extrémité N. O. se
trouve une estacade de 10 mètres de largeur pour le service des
fortes allèges et des petits caboteurs qui remontent jusqu'au port.
Le terre-plein se continue à l'Ouest du chenal par une jetée longue
de 443 mètres dont la largeur en couronne est réduite à 10 mètres.
Le talus Ouest de cette jetée, exposé aux vents régnants, a dû être
défendu contre le clapotis par un revêtement maçonné dont l'exécution a exigé une dépense supplémentaire de 10,000 francs approuvée
par décision ministérielle du 13 février 1885. Enfin la jetée est
longée à l'Ouest par un chenal secondaire qui rejoint le chenal
principal à 170 mètres au Nord de la jetée.

Autour de la darse se trouvent de nombreuses cabanes de pêche
et plusieurs chantiers de construction.

Le port du canal de Mestras est situé par 3° 24' 25" de longitude

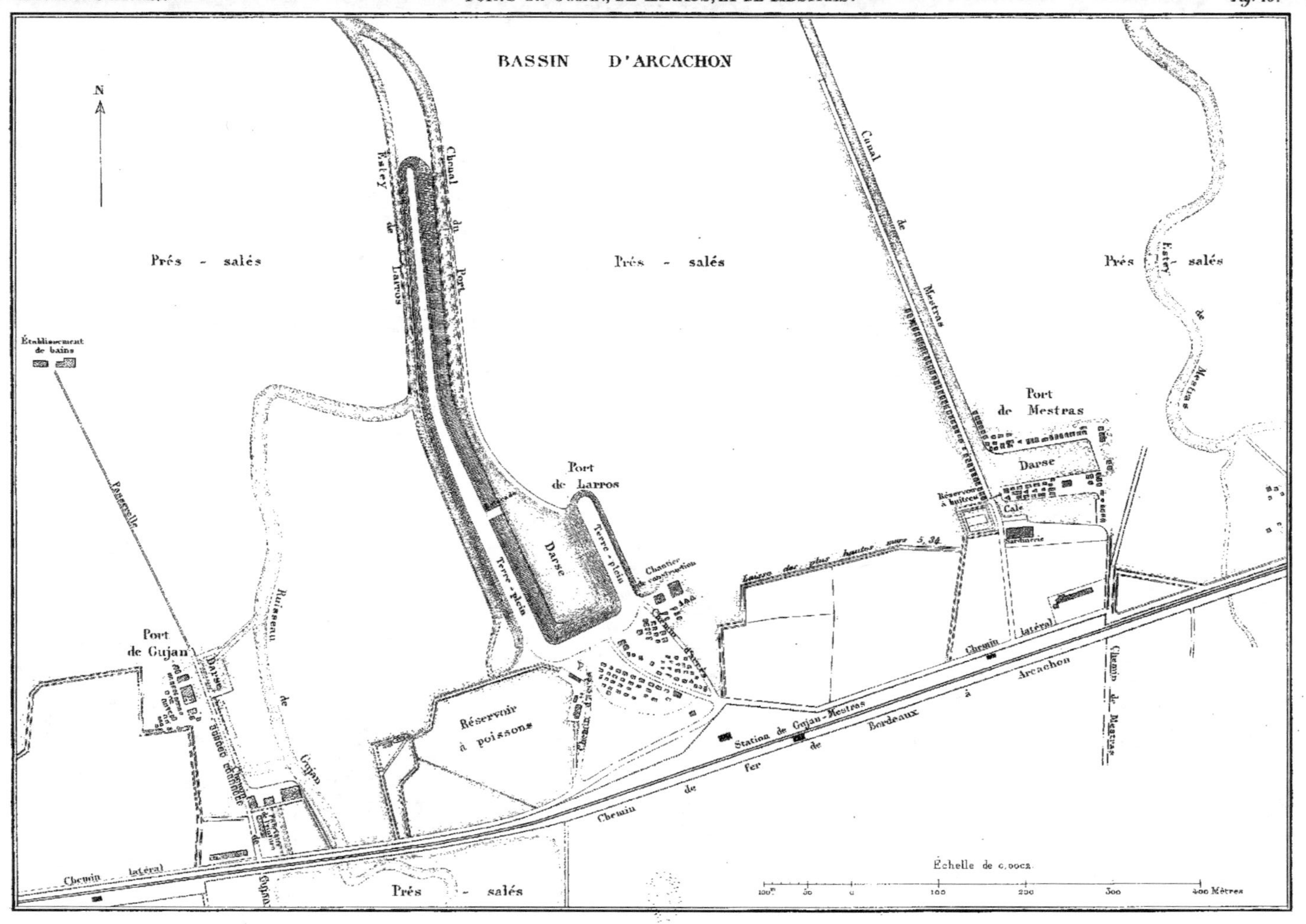

BASSIN D'ARCACHON
N
Prés - salés
Prés - salés
Prés - salés
Canal de Mestras
Estey de Larros
Chenal du Port
Établissement de bains
Port de Mestras
Darse
Réservoir à huîtres
Cale
Port de Larros
Terre-plein
Darse
Terre-plein
Chantier construction
Laisse des plus hautes mers 5,34
Passerelle
Ruisseau de Gujan
Port de Gujan
Darse
Réservoir à poissons
Chemin latéral
Chemin de Mestras
Station de Gujan-Mestras
Chemin de fer de Bordeaux à Arcachon
Chemin latéral
Prés - salés
Échelle de 0,0002
100m 50 0 100 200 300 400 Mètres

Ouest et 44° 38′ 48″ de latitude Nord, à 1 kilomètre à l'Est du port
de Larros (fig. 10). Il comprend deux darses de 130 mètres de
longueur moyenne et dont la largeur varie de 40 mètres à 35 mètres.
Ces deux darses sont séparées par une jetée insubmersible de
20 mètres de largeur et mises en communication par un étroit per-
tuis. La darse Sud possède une cale pour le déchargement des marchandises. Au Nord, les darses communiquent avec le bassin par le
canal de Mestras, qui se jette dans le chenal de Gujan. A l'Ouest, le
canal est limité par une jetée longue de 500 mètres. Les filloles
des parqueurs et des sardiniers y arrivent facilement à toute marée.

Les travaux du port ont été exécutés en 1855 par les soins de
la commune; ils ont donné lieu à une dépense de 25,000 francs
environ. L'État y a contribué par une subvention de 6,000 francs.

Le port de Mestras est un centre très important d'exportation
d'huîtres.

Sur le talus Ouest de la jetée et autour des darses sont établies
de nombreuses cabanes de pêche.

Le nombre des embarcations attachées aux trois ports de Gujan-
Mestras dépasse 310. Les concessions accordées sur le domaine public maritime, pour la construction de cabanes, atteignent dans la
commune de Gujan le chiffre de 350.

Les ports de Gujan-Mestras ne sont fréquentés, en dehors des
embarcations des parqueurs et des pêcheurs, que par de rares caboteurs d'un faible tonnage.

La commune dépend du canton de la Teste; sa population, d'après
le dernier recensement, est de 4,056 habitants.

Les habitants se livrent principalement à l'ostréiculture et à la
pêche du royan dans le bassin ou en dehors des passes.

Gujan-Mestras est desservi par le chemin de fer de Bordeaux à
Arcachon et par le chemin de grande communication n° 104.

Le deuxième tableau de renseignements statistiques donne, pour
une période de vingt années, les entrées et les sorties ainsi que
les droits de douane perçus.

PORT D'AUDENGE.

Le port d'Audenge, sur la rive Est du bassin, avec lequel il communique par le chenal de Certes et d'Audenge, est situé par $3°21'19''$ de longitude Ouest et $44°40'53''$ de latitude Nord.

L'établissement du port est $5^h 3^m$. Les marées y montent de $4^m,03$ dans les pleines mers de vive eau ordinaires et de $2^m,67$ en morte eau. Aux syzygies, la pleine mer a lieu à 5 heures du matin et la basse mer à 11 heures.

Le port d'Audenge n'est accessible qu'aux embarcations à fond plat d'un très faible tirant d'eau (fig. 11). Il consiste en un chenal formé par le lit du ruisseau d'Audenge dont les eaux descendent des Landes. Il possède pour tout atterrage un petit quai vertical de 12 mètres de longueur, prolongé à chacune de ses extrémités par une cale inclinée de 7 mètres de long sur 6 mètres de large. Ce quai a été exécuté en 1868, à la suite d'un projet approuvé par décision ministérielle du 13 juillet 1868, et comprenant l'établissement d'un mur de quai, le creusement d'une darse et le redressement des courbes les plus prononcées du ruisseau d'Audenge. Les dépenses se sont élevées à 6,000 francs.

Le ruisseau, au moment des pluies, amène une grande quantité de sable qui vient obstruer le chenal et détruit, au bout de peu de temps, les effets des curages qui peuvent être entrepris pour l'entretien du port.

Un premier curage avait été autorisé par décision ministérielle du 21 août 1875. Le travail, exécuté en 1876, avait donné lieu à une dépense de 1,500 francs; la commune y avait contribué pour une somme de 500 francs.

En 1881, le conseil municipal ayant demandé que des travaux d'approfondissement fussent exécutés dans le ruisseau d'Audenge,

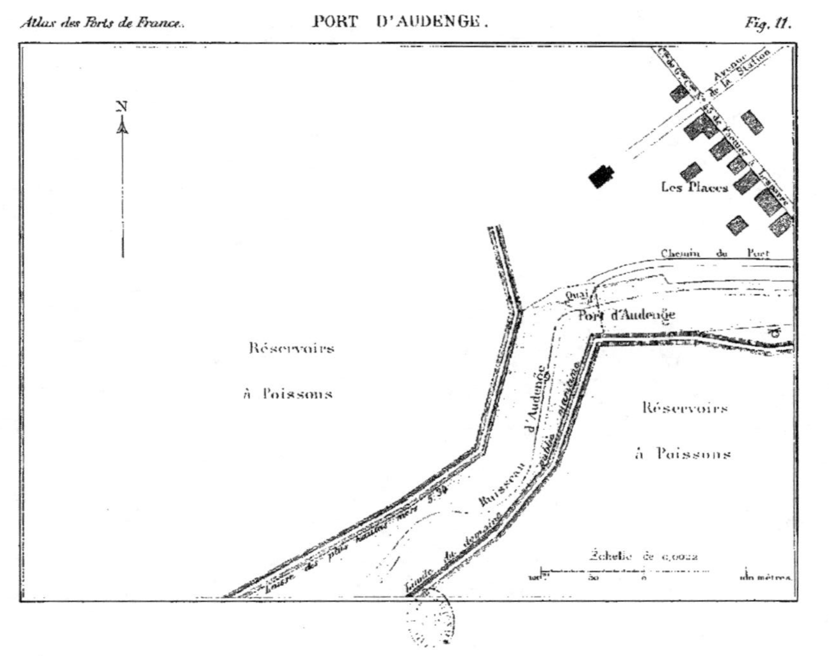
N
Avenue de la Station
Les Places
Chemin de Port
Quai
Port d'Audenge
Réservoirs
à Poissons
Réservoirs
à Poissons
Ruisseau d'Audenge
Échelle de 0,0022
100   50   0   100 mètres

N
Chemin de grande communication
Voiture
Port
Ruisseau
Réservoirs
à Poissons
BASSIN D'ARCACHON
Échelle de 0,0002
100
50
0
200 mètres

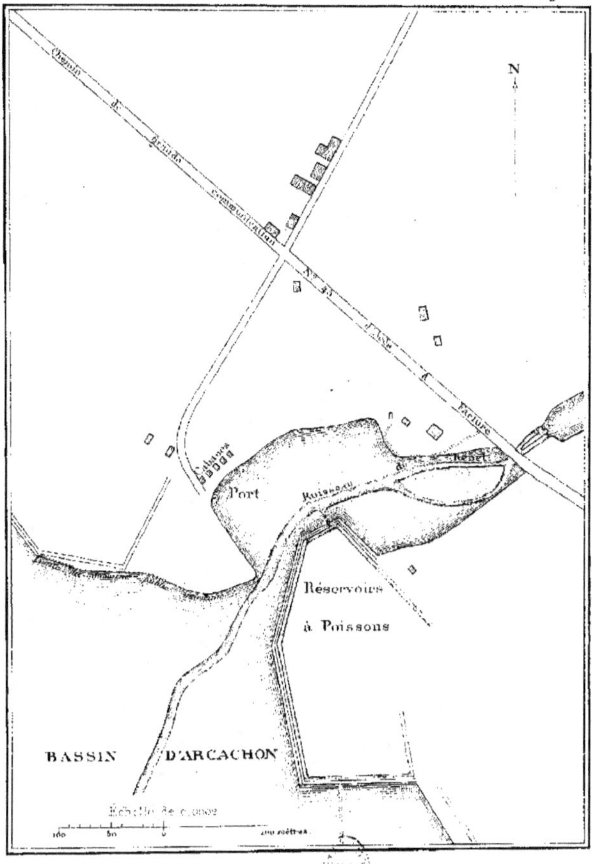

un projet fut dressé par les ingénieurs du service maritime. Ce projet comportait le curage du chenal sur une largeur de 5 mètres, de manière à obtenir jusqu'au quai une profondeur moyenne de 80 centimètres sous les pleines mers de morte eau. Approuvé par décision ministérielle du 7 septembre 1882, il a été exécuté en 1883. Les dépenses se sont élevées à 1,200 francs, dont 400 francs ont été fournis par la commune. Les pluies de l'hiver n'ont pas tardé à remettre le chenal dans son état ancien.

Audenge possède aussi dans un de ses faubourgs, à Certes, un autre port ou chenal, désigné sous le nom de chenal de Certes, dans lequel le ruisseau de Ponteil écoule ses eaux.

Les deux ports d'Audenge et de Certes sont fréquentés par plus de 80 embarcations de parqueurs.

Audenge est un chef-lieu de canton.

La population de la commune, d'après le dernier recensement, est de 1,288 habitants.

Le village est traversé par le chemin de grande communication n° 45, de Facture à Arès; il est desservi par le chemin de fer d'intérêt local de Facture à Lesparre.

Les habitants s'occupent de l'exploitation des forêts de pins, d'ostréiculture et de pêche.

Il existe dans la commune d'Audenge de très beaux réservoirs à poissons dont l'exploitation est très prospère. On n'y élève guère que des mules et des anguilles. On y trouve encore quelques marais salants de peu d'importance.

PORT DE LANTON.

On désigne sous le nom de port de Lanton une partie de plage, sur la rive droite du ruisseau du Renet, que la mer couvre et découvre à toute marée. Ce port, situé par 3°23′36″ de longitude Ouest et 44°42′32″ de latitude Nord, sur la rive Est du bassin,

se trouve à 200 mètres de la route de Facture à Arès et à 2 kilomètres du bourg de Lanton (fig. 12).

L'établissement du port est 5ʰ3ᵐ; les marées y atteignent les
mêmes hauteurs que sur la rive Sud du bassin. Aux marées de
syzygies, la pleine mer y arrive à 5 heures du matin et la basse
mer à 11 heures. La durée de l'étale est de 10 minutes.

Le port de Lanton ne fait aucun commerce. Il est fréquenté
par 128 tilloles à fond plat employées par des pêcheurs ou des
ostréiculteurs pour l'exercice de leur industrie.

Un projet de rectification du chenal fut dressé en 1869. Ce
projet, approuvé par décision ministérielle du 16 novembre 1869,
a été exécuté en 1870. Il a donné lieu à une dépense de 1,500 francs,
dont 500 francs à la charge de la commune.

En 1880, la commune ayant demandé l'amélioration du port,
un projet de curage du chenal fut dressé en 1881.

Ce projet, s'élevant à la somme de 750 francs, a été approuvé
par décision ministérielle du 7 septembre 1882 et exécuté dans la
campagne de 1883. La commune y a contribué pour une somme
de 250 francs. Les sables qui sont apportés dans le chenal par les
fossés des Landes, à l'époque des pluies, rendent très difficile l'entretien des profondeurs nécessaires pour assurer à toute marée un
accès facile aux embarcations.

La commune de Lanton dépend du canton d'Audenge; sa population, au dernier recensement, était de 792 habitants. Comme
pour tous les villages qui bordent le bassin, la population a considérablement augmenté avec le développement de l'industrie ostréicole.

Lanton est traversé par le chemin de grande communication
n° 45. Il est en outre desservi par le chemin de fer de Facture à
Arès, inauguré en 1884.

Les habitants du pays s'occupent d'ostréiculture, de pêche et de
la culture du pin, dont ils extraient la résine.

PORT DE TAUSSAT.

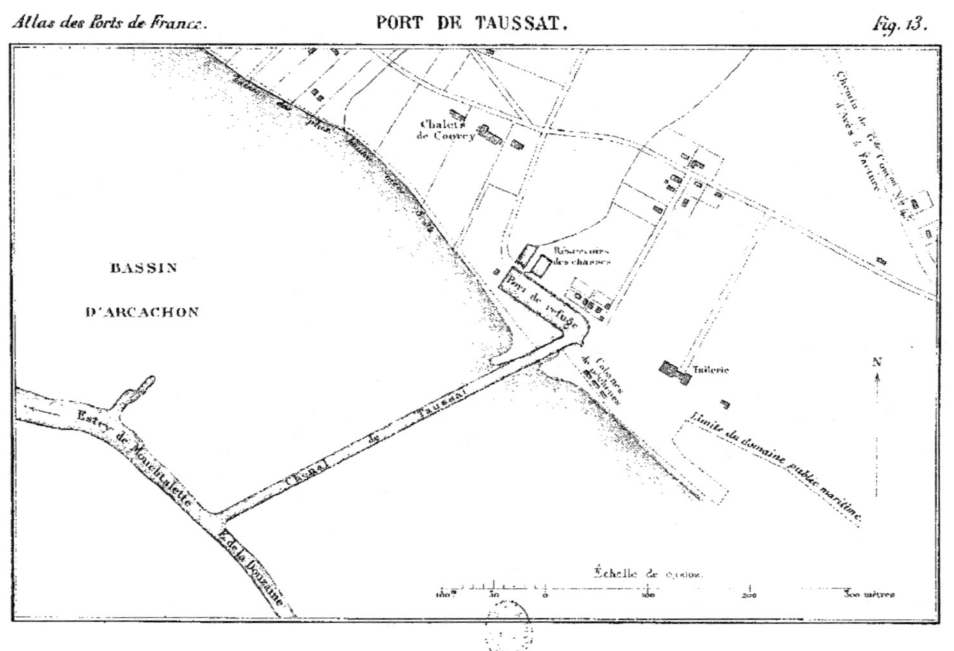

PORT DE TAUSSAT.

Le port de Taussat se trouve dans la commune de Lanton au N. E. du bassin d'Arcachon. Il est situé par 3° 24' 17″ de longitude Ouest et 44° 41' 52″ de latitude Nord.

L'établissement du port est 5ʰ 3ᵐ. Aux marées de syzygies la pleine mer s'y produit à 5 heures du matin et la basse mer à 11 heures.

La création du port de Taussat est de date récente ; elle est due à l'initiative privée de M. d'Elloy, colonel d'artillerie, et mérite d'être signalée. L'inauguration a eu lieu le 25 août 1878.

Le port, creusé à peu près parallèlement à la rive, consiste en une darse de 125 mètres de longueur sur 40 mètres de largeur mise en communication avec le chenal de Mouchtalette par un canal creusé de main d'homme, sur une longueur de 400 mètres avec une largeur de 15 mètres en couronne. Le plafond de la darse est établi à 0ᵐ,20 au-dessous des pleines mers de morte eau ; le canal, dressé avec une pente de 0ᵐ,0025 par mètre, rejoint le chenal de Mouchtalette à la cote 1ᵐ,20 au-dessous du même niveau (fig. 13).

Ce port a pour but principal de servir de refuge aux embarcations sans abri pendant le mauvais temps.

Le refuge est défendu contre les vents dominants de l'Ouest par une digue insubmersible d'une largeur moyenne de 15 mètres. Il est nécessaire de procéder fréquemment au curage du chenal, à cause des sables apportés par le vent ou par un petit fossé qui, descendant des Landes, débouche dans le chenal. De plus les coups de vent de S. O. y accumulent du varech en assez grande quantité.

Depuis 1879, le chenal est entretenu au moyen de chasses produites par les eaux de retenue de deux réservoirs mis en communication avec la darse par deux écluses; 1,200 mètres cubes d'eau

suffisent pour nettoyer à mer basse le refuge et le chenal. Primitivement, les écluses étaient établies dans la partie Ouest du refuge ;
on en a ouvert, en 1880, une troisième dans l'axe du chenal ;
avec cette nouvelle disposition une chasse de 400 mètres cubes
suffit pour le curage.

Le port de Taussat est placé au centre du bourg du même nom
qui dépend de la commune de Lanton, et dont la création toute
récente est due aussi à M. d'Elloy.

En 1878, il n'y avait à Taussat que 7 à 8 parqueurs ; aujour-
d'hui ce hameau possède une population permanente de 134 habitants ; il est fréquenté, en été, par un certain nombre de baigneurs
qui portent sa population à plus de 300 personnes. On y a construit un certain nombre de chalets de plaisance et de cabanes de
pêche.

Au port de Taussat sont attachées 47 embarcations ; par les
gros temps, une soixantaine de barques viennent s'y abriter. Le
refuge peut en contenir environ 300.

Ce port est appelé à se développer comme centre ostréicole, car
par sa position il permet aux parqueurs de partir plus tard et de
rentrer plus tôt que s'ils avaient leur embarcation à Lanton. Ce
temps gagné, outre qu'il leur évite des fatigues, donne aux marins
la possibilité d'aller travailler trois à quatre jours de plus par
quinzaine sur leurs parcs.

A pied, le port n'est guère qu'à 2 kilomètres de celui de
Lanton.

Taussat est desservi par le chemin de fer de Facture à Lesparre,
inauguré le 6 janvier 1884 par la Compagnie des chemins de fer
économiques et qui vient se relier à Facture avec la ligne de Bordeaux à Bayonne.

Le mouvement du port se réduit au transport du matériel ostréicole, de tuiles et de carreaux fabriqués sur place. Étant donné le
développement rapide qu'a pris Taussat dans ces dernières années,
comme centre ostréicole et comme station de bains, on peut penser

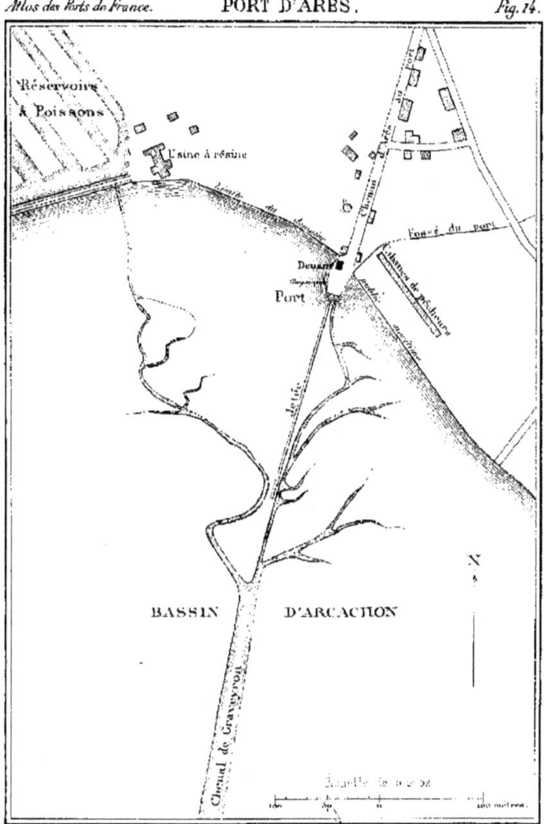
Réservoirs
à Poissons
Usine à résine
Douane
Port
Fossé du port
Cabanes de pêcheurs
Jetée
N
BASSIN D'ARCACHON
Chenal de Grayayrou
Échelle de 0 à 50
100

que le chemin de fer provoquera encore un nouvel accroissement
de cette bourgade.

PORT D'ARÈS.

Ce port est situé par 3° 28′ 5o″ de longitude Ouest et 44° 45′ 47″
de latitude Nord, dans l'angle Nord du bassin, avec lequel il communique par le chenal de Graveyron.

L'établissement du port est 5ʰ 3ᵐ. Les marées y montent de
4ᵐ,o3 dans les pleines mers de vive eau ordinaires et de 2ᵐ,67 en
morte eau. Aux marées de syzygies, la pleine mer a lieu à 5 heures
du matin et la basse mer à 11 heures.

Le port n'est accessible que pour les petites embarcations. Les
navires d'un faible tonnage qui fréquentent cette partie du bassin
ne peuvent pas y arriver. Ils s'arrêtent dans le chenal d'Arès.

En 1853, des études avaient été entreprises pour améliorer la
situation du port d'Arès; mais, la commune n'ayant pas pu contribuer aux dépenses, ces études n'eurent aucune suite. La question
fut reprise en 1856, sur une offre de concours de la commune.
Une décision du 2o février 1857 ajournait l'exécution du projet
dressé par les ingénieurs. Enfin, en 1861, l'Administration supérieure ordonnait de nouvelles études, et une décision ministérielle du 21 février 1862 autorisait, moyennant une subvention de
6,ooo francs versée par la commune, l'exécution d'un projet d'amélioration montant à 24,ooo francs et comprenant l'exécution d'une
jetée, le creusement d'un chenal et l'établissement de travaux de
défense en fascinages (fig. 14).

Ces travaux ont été exécutés en 1865.

Le port se compose actuellement d'une jetée longue de 270
mètres dont la largeur en couronne est de 2ᵐ,3o. Cette jetée,
dressée avec une pente longitudinale de oᵐ,oo64 par mètre, est
établie, en son point le plus haut, à 4 mètres au-dessus du zéro

de l'échelle d'Eyrac. La plate-forme est pavée et les côtés sont maintenus par un coffrage en bois. La plage avoisinante est à une hauteur moyenne de 2^m,70, de sorte que la jetée fait sur elle une très faible saillie. À son enracinement, la jetée s'élargit de manière à former un terre-plein d'une largeur moyenne de 12 mètres.

En 1881, le mauvais état de la jetée ayant rendu sa réfection nécessaire, un projet fut dressé dont l'estimation s'élevait à 25,000 francs. La commune refusa à cette époque de contribuer aux dépenses et le projet n'eut aucune suite. Enfin, au mois d'octobre 1884, en présence de l'état de plus en plus défectueux de la jetée et des besoins toujours croissants du commerce ostréicole, la commune demandait de nouvelles études. Un projet a été dressé et adopté par la commune qui a versé une part contributive de 2,500 francs, représentant le tiers de l'estimation totale des dépenses. Ce projet a été approuvé par décision ministérielle du 20 avril 1885 et les travaux, commencés au mois de novembre de la même année, ont été terminés en février 1886.

Ils comprenaient la réfection de la jetée sur une longueur de 200 mètres, la démolition de l'extrémité Sud sur 70 mètres de long, et le redressement du chenal Ouest, dont les eaux passaient sous le musoir de la jetée.

Le profil en long reste le même ; la largeur en couronne a été portée à 2^m,43 et le coffrage en bois des côtés a été remplacé par une maçonnerie de pierres artificielles en ciment de Portland. La plate-forme de la jetée est recouverte d'un pavage rejointoyé.

La plage d'Arès est très plate et à basse mer les eaux se retirent jusqu'à près de 600 mètres au Sud de la jetée. Les embarcations ne peuvent pas accéder au port à toute heure de la marée. Mais il n'y a là aucun inconvénient pour le genre spécial de commerce en vue duquel il a été construit. Les ostréiculteurs travaillant en effet sur leurs parcs à marée basse ne sortent du port ou n'y rentrent que quand la marée a une hauteur suffisante pour que leurs légères embarcations puissent circuler dans les chenaux. Les bateaux s'échouent à mer basse le long de la jetée.

Le port d'Arès est fréquenté par près de 300 tilloles de parqueurs et par quelques chasse-marée ou goélettes qui exportent les produits du pays : résine, goudron, bois, huîtres, et importent des tuiles et de la pierre à bâtir.

Arès possède des réservoirs à poissons. Les habitants se livrent à l'exploitation des forêts de pins et principalement à l'ostréiculture et à la pêche.

Le port dépend du bureau de douanes de Certes.

La population de la commune est de 1,648 habitants, d'après le dernier recensement. Arès est desservi par le chemin de fer d'intérêt local de Facture à Lesparre et, de plus, par les chemins de grande communication n° 45, d'Arès à Facture, n° 84, d'Arès à Lacanau, et par le chemin d'intérêt commun n° 137, d'Arès à Bordeaux.

Le troisième tableau de renseignements statistiques donne, pour les vingt dernières années, le mouvement de la navigation et les droits de douane perçus au port d'Arès; parmi ces derniers la taxe du sel est applicable en presque totalité aux marais salants de Certes.

PORT DE LA TESTE.

TABLEAU 1.

ANNÉES.	ENTRÉES.				SORTIES.				DROITS DE DOUANE.				
	NOMBRE DES NAVIRES			Tonnage.	NOMBRE DES NAVIRES			Tonnage.	Importations.	Exportations.	Accessoires.	Navigation.	Taxe sur les sels.
	chargés.	sur lest.	Total.		chargés.	sur lest.	Total.						
				tonn⁴				tonn⁴	francs.		francs.	francs.	francs.
1865	21	11	32	1,219	19	11	3o	1,111	358	»	128	125	1,199
1866	22	6	28	1,285	21	5	26	1,005	933	»	124	337	5,381
1867	35	7	42	2,308	24	9	33	1,528	5,365	»	155	511	3,191
1868	41	10	51	2,654	37	13	50	3,061	989	»	96	127	1,406
1869	28	14	42	1,846	33	8	41	2,244	411	»	130	102	2,837
1870	40	11	51	2,890	44	6	5o	2,856	1,212	»	111	139	1,102
1871	27	5	32	2,268	24	9	33	2,205	173	»	190	131	2,146
1872	20	5	25	2,353	12	13	25	2,332	901	»	298	1,006	»
1873	11	7	18	1,256	14	3	17	1,147	2,596	»	243	494	»
1874	25	11	36	2,676	21	14	35	2,201	1,118	»	370	982	»
1875	29	23	52	3,688	41	»	41	3,017	1,295	»	473	1,114	»
1876	42	15	57	3,641	38	14	52	3,281	786	»	522	921	»
1877	26	23	49	4,059	31	13	44	3,858	2,053	»	622	925	35
1878	41	21	62	3,841	55	8	63	3,901	934	»	846	1,197	»
1879	16	6	22	3,135	20	1	21	2,816	2,529	»	1,047	1,306	»
1880	16	4	20	2,873	22	»	22	2,791	1,959	»	884	1,057	»
1881	16	6	22	2,533	22	1	23	2,566	1,200	»	973	970	»
1882	25	1	26	3,059	24	1	25	3,225	1,538	»	848	1,281	»
1883	13	3	16	2,292	13	3	16	2,365	1,719	»	798	1,073	»
1884	17	1	18	3,522	17	»	17	4,224	2,384	»	996	1,795	»

PORT DE GUJAN.

TABLEAU 2.

ANNÉES.	ENTRÉES.				SORTIES.				DROITS DE DOUANE.				
	NOMBRE DES NAVIRES			Ton-	NOMBRE DES NAVIRES			Ton-	Impor-	Expor-	Acces-	Navi-	Taxe sur
	char-gés.	sur lest.	Total.	nage.	char-gés.	sur lest.	Total.	nage.	tations.	tations.	soires.	gation.	les sels.
				tonn^x				tonn^x			fr. c.	fr. c.	fr. c.
1865	3	.	3	105	»	3	3	105	.	»	128 00	6 00	689 00
1866	1	»	1	40	»	1	1	40	»	»	292 00	6 00	807 00
1867	4	»	4	144	»	4	4	144	.	»	830 00	8 00	690 00
1868	4	»	4	132	»	4	4	132	»	»	321 00	7 00	532 00
1869	4	»	4	129	1	3	4	129	»	»	503 00	4 00	266 00
1870	6	»	6	295	»	6	6	294	»	»	425 00	16 00	284 00
1871	3	»	3	173	»	3	3	173	.	»	839 00	7 00	947 00
1872	1	»	1	50	»	1	1	50	.	»	305 00	7 00	583 00
1873	2	»	2	85	»	2	2	85	»	»	509 00	7 00	507 00
1874	»	»	»	»	»	»	»	»	»	»	420 00	7 00	383 00
1875	»	»	»	»	»	»	»	»	»	»	963 00	7 00	357 00
1876	»	»	»	»	»	»	»	»	»	»	496 00	7 00	325 00
1877	»	»	»	»	»	»	»	»	»	»	509 00	3 00	630 00
1878	»	»	»	»	»	»	»	»	»	»	507 00	3 00	98 00
1879	»	»	»	»	»	»	»	»	»	»	612 05	3 60	134 30
1880	1	»	1	38	1	»	1	38	»	»	751 80	.	177 60
1881	»	1	1	24	»	1	1	24	.	»	627 25	»	565 60
1882	3	»	3	78	3	»	3	78	»	»	517 50	.	54 80
1883	2	»	2	48	2	»	2	48	»	»	472 60	.	94 50
1884	6	»	6	135	6	»	6	135	.	»	643 00	.	156 40

PORT D'ARÈS.

Tableau 3.

ANNÉES.	ENTRÉES.				SORTIES.				DROITS DE DOUANE.				
	NOMBRE DES NAVIRES			Ton-nage.	NOMBRE DES NAVIRES			Ton-nage.	Impor-tations.	Expor-tations.	Acces-soires.	Navi-gation.	Taxe sur les sels.
	char-gés.	sur lest.	Total.		char-gés.	sur lest.	Total.						
				tonn"				tonn"	francs.	fr. c.	fr. c.	fr. c.	fr. c.
1865	12	»	12	507	7	7	14	505	»	»	115 00	7 00	21,835 00
1866	6	1	7	315	6	1	7	315	»	»	127 00	7 00	26,084 00
1867	9	1	10	409	10	»	10	409	»	»	137 01	»	22,147 00
1868	9	2	11	486	8	4	12	581	»	»	158 00	7 00	21,735 00
1869	22	4	26	2,054	15	10	25	1,808	294	»	146 00	23 00	20,901 00
1870	6	2	8	421	8	»	8	421	»	2 00	124 00	7 00	20,893 00
1871	5	1	6	270	4	2	6	270	»	»	141 00	7 00	41,680 00
1872	2	»	2	90	2	1	3	185	»	»	194 00	7 00	29,722 00
1873	3	»	3	135	3	»	3	135	»	»	166 00	7 00	33,198 00
1874	6	3	9	529	9	»	9	529	»	32 00	279 00	1 00	22,687 00
1875	8	1	9	398	8	1	9	398	»	9 80	245 00	2 00	22,480 00
1876	11	5	16	568	16	»	16	568	»	»	298 00	8 00	28,277 00
1877	12	1	13	574	13	»	13	574	»	»	379 00	7 00	28,245 00
1878	9	1	10	532	10	»	10	482	»	»	484 00	14 00	23,302 00
1879	8	4	12	444	11	»	11	403	»	»	429 25	7 00	18,223 73
1880	10	»	10	371	10	»	10	371	»	»	569 85	»	7,004 84
1881	9	»	9	308	10	»	10	349	»	»	594 55	7 20	10,258 93
1882	6	»	6	246	6	»	6	246	»	»	571 15	7 20	5 971 91
1883	5	3	8	472	7	»	7	288	»	195 10	502 15	18 00	1,149 41
1884	3	»	3	123	4	»	4	164	»	»	532 00	7 20	836 10

BIBLIOGRAPHIE.

1768. Mémoire et observations générales sur la coste d'Arcachon. (Manuscrit sans signature.)

1786. L'abbé Baurein. Variétés bordeloises ou essai historique et critique sur la topographie ancienne et moderne du diocèse de Bordeaux. (Réimprimé en 1876. 3 volumes. Bordeaux, Féret et fils.)

1792. Teulère. Observations sur l'entrée du bassin d'Arcachon. (Manuscrit.)

1810. Jules Tassard. Mémoire sur la navigation du bassin d'Arcachon. (Manuscrit.)

1810. Thore. Promenades sur le golfe de Gascogne.

1826. Baron d'Haussez. Études administratives sur les Landes.

1829. Baron d'Haussez. Notice sur les avantages que présenterait le changement de la passe de la baie d'Arcachon et sur les moyens d'opérer ce changement. (Manuscrit.)

1829. Beautemps-Beaupré. Rapports sur la notice du baron d'Haussez. (Manuscrit.)

1835. Monnier. Rapport sur le bassin d'Arcachon. (Manuscrit.)

1839. Vissocq. Mémoire sur les travaux à exécuter pour améliorer l'entrée du bassin d'Arcachon.

1855. Painier et Droeling. Mémoire sur l'avant-projet des travaux à exécuter pour l'amélioration de l'entrée du bassin d'Arcachon. (Brochure.)

1858. O. Déjean. Arcachon et ses environs. (1 volume. Paris, Dentu.)

1871. Bouthillier de Beaumont. Arcachon, son bassin et les landes de Gascogne. (Brochure. Genève.)

1872. Caspari. Mémoire sur le bassin d'Arcachon. (Brochure. Imprimerie nationale.)

1873. Bouquet de la Grye. Pilote des côtes Ouest de France.

Archives des ponts et chaussées. — Rapport sur la défense de la plage d'Arcachon et sur les travaux d'amélioration des divers ports du bassin.

CARTES HYDROGRAPHIQUES.

1768. Levé de Kearney.

1810. Levé de Jules Tassard.

1813. Levé de M. Raoul.

1826. Levé de Beautemps-Beaupré.

1835. Levé de M. Monnier.

1854. Levé de M. Sawicz.

1865. Levé de MM. Bouquet de la Grye et Caspari.

1872. Levé de M. Caspari.